成为艺术家
世界插画之旅

崔 莹 著

山东画报出版社
济 南

图书在版编目（CIP）数据

成为艺术家：世界插画之旅 / 崔莹著 . — 济南: 山东画报出版社, 2024.4
ISBN 978-7-5474-4634-8

Ⅰ. ①成… Ⅱ. ①崔… Ⅲ. ①插图(绘画) – 画家 – 事迹 – 世界 Ⅳ. ①K815.72

中国国家版本馆CIP数据核字(2023)第232793号

CHENGWEI YISHUJIA SHIJIE CHAHUA ZHI LV

成为艺术家：世界插画之旅
崔　莹著

选题策划	王一诺
责任编辑	马　赛
装帧设计	鲁明静

主管单位	山东出版传媒股份有限公司
出版发行	山东画报出版社
社　　址	济南市市中区舜耕路517号　邮编 250003
电　　话	总编室（0531）82098472
	市场部（0531）82098479　82098476（传真）
网　　址	http://www.hbcbs.com.cn
电子信箱	hbcb@sdpress.com.cn
印　　刷	山东临沂新华印刷物流集团有限责任公司
规　　格	160毫米×230毫米　32开
	7.5印张　235幅图　210千字
版　　次	2024年4月第1版
印　　次	2024年4月第1次印刷
书　　号	ISBN 978-7-5474-4634-8
定　　价	68.00元

如有印装质量问题，请与出版社总编室联系更换。

听从你的内心

　　当你打开这本书时，你将读到16位世界著名插画师的故事。这些插画师曾经和你一样，是一张张白纸上的涂鸦者，也是一个个对未来充满迷惘的小孩，比如，时常蹲坐在家门口，观察来来往往的小伙伴的衣着打扮的凯特·格林纳威；比如，钟爱战斗机和攻城坦克，喜欢漫无边际地走路的希斯·罗宾逊；比如，经常在乡下爬树，喜欢找蛇或捕捉各种昆虫、捡拾有趣的木头和石头的路易斯·韦恩；比如，尽管从小生病，但拥有敏锐的观察力和非凡的模仿力的爱德华·李尔……他们并没有蜷缩在世界深处的某个角落浑噩度日，他们对这个世界充满期待，对周围充满好奇，他们拿起画笔，尽情涂鸦、尽情释放，走进彩色或黑白的世界。他们怀揣着对艺术的热爱和追求，执着坚守，最终找到各自的画风，成为伟大的艺术家。

　　如同每个人都有属于自己的画风一样，他们每个人都经历了独特的成长之路。有些插画师从小就知道自己的梦想，他们像鸟儿一样展翅高飞；有些插画师则在人生的旅途中意识到自己对插画艺术情有独钟，他们像探险家一样踏上未知的领域。彼得兔的创作者毕翠克丝·波特深受爸爸影响，从小就在艺术界浸染，大名鼎鼎的英国画家约翰·米莱斯都曾亲自鼓励过她，因此，她从小就用画作来表达自己的所见所想。而擅长画彩绘玻璃画的爱尔兰艺术家哈里·克拉克直到二十四五岁时才开始频繁地画插画，对他来说，画插画是一种新尝试、新爱好。无论何时开启插画之旅，艺术永远是他们的精神乐园。同时，这些插画师对艺术的热爱就像是一束无形的阳光，温暖着他们的内心，驱使他们勇往直前。

然而，成为艺术家并非一蹴而就的事，这些艺术家无不遇到挑战和困难。有的插画师从小就患病，没有快乐的童年，也不能像其他小朋友那样上学读书；有的插画师家境贫寒，经济拮据，不得不靠卖画补贴家用；有的插画师生前不受赏识，穷困潦倒，去世后其画作却价值连城……再苦再难，他们从不放弃，他们付出无数个日夜，不断学习、实践和探索，他们靠着勇气和智慧，自由追逐梦想，并以坚持不懈的执着，逐渐将梦想变成现实。他们相信：坚持，终将成就梦想；即使梦想不能实现，追逐本身也是一种幸福。

在这本书中，你将了解这些插画师的故事，和他们同喜共悲；你将看到他们的画作，体会他们的创造力；你将明白，成为艺术家所需要的不仅仅是天赋，更需要对梦想的坚持与热爱。他们的故事和他们的作品，会激励你听从你的内心，做你真正热爱的事情，保持激情，相信自己的能力，勇敢地面对人生的起伏。

当你阅读这些娓娓道来的文字，凝视这些绚丽的色彩、迷人的线条和独特的形状时，艺术会为你的想象力插上翅膀，助你勇敢飞翔。希望这本书能够启发和鼓励充满梦想的你。无论你喜欢画画，喜欢设计，还是喜欢创造……你都有机会成为一位杰出的艺术家。

请记住，成为一名艺术家并不是一条轻松的道路，但只要你坚持下去，听从你的内心，你就能创造出属于自己的美丽世界。并且，无论你选择什么样的艺术形式，只要你用心去创作，你就是一名真正的艺术家。

当然，每个人都有自己的天赋和梦想，而成为艺术家只是其中之一。不管你将来的梦想是什么，不管你是否已经走在追逐梦想的路上，这些插画师的故事和作品一定会给你带来力量和启发，一定会温暖你的内心。

在本书的写作过程中，我有幸得到很多人的帮助和支持，在此谨致以衷心的感谢。

我衷心地感谢山东画报出版社的王一诺女士。一诺，感谢您对这部书稿的肯定和厚爱，没有您的鼓励和催促，这本书不会诞生！我也要向您表达我最真诚的歉意，这本书稿让您久等了。我衷心地感谢汪家明先生，感谢您对我写作的鼓励和启发，每次和您的交谈都令我受益匪浅。我很喜欢您编著的《肯特》一书，并在拙作中特别推介了罗克韦尔·肯特，真是班门弄斧啦。深深地向您致敬，感谢您对我无私的帮助和厚爱，感谢您让我认识了更多插画师、艺术家，让我看到一个更广阔的世界。我衷心地感谢这本书的责编马赛女士，一个充满个性、充满创意的女生。马赛，谢谢您尽职尽责，把这本书做成了一本漂亮的书！我衷心地感谢本书的设计总监鲁明静女士。明静，万分感谢您，感谢您在百忙之中抽出时间参与这本书的设计，您的设计新颖别致，总能让人眼前一亮。我衷心地感谢为书稿撰写推荐语的汪家明先生、潘采夫先生和陈赛女士，以及为本书提出宝贵建议的赵治国先生，我深深地感谢你们对我的帮助。

本书所介绍的部分插画师在拙著《英国插画师》中也做过介绍，书稿的部分文字采用了责编王竞女士的建议，在此，对王竞女士表示衷心的感谢。

最后，我衷心地感谢我的家人和朋友，以及一直关注这本书进展的读者们，你们的支持和鼓励帮助我顺利地完成了这部书稿。

崔莹

2024 年 1 月 22 日

爱丁堡

目　录

春

夏

秋

冬

Spring

春

Kate Greenaway

凯特·格林纳威:

永远生活在童年里

凯特·格林纳威

　　几乎所有英国人、美国人都知道凯特·格林纳威,因为她画作中的乖巧可爱的孩子陪伴了他们整整一个世纪。在凯特的世界里,生命永远是春天,温和的阳光催促苹果树和山楂树开出花蕾,女孩子们穿着系了大蝴蝶结的棉布长裙,戴着嵌满花朵的礼帽,男孩子们穿戴整齐,大家三五成群,在风和日丽的蓝天下跳绳、玩跷跷板、荡秋千、捉迷藏、划船、跳舞……小姐姐则坐在美丽的花园里优雅地喝着下午茶,小猫乖乖地趴在草地上,空气里弥漫着花香和蛋糕香,一切都是那么宁静而美好。

　　在凯特生活的年代,第二次工业革命的浪潮正在英国蔓延,冒着黑烟的烟囱越来越多,工业灰尘吞噬着如诗如画的田园景色,无数失地农民从乡村涌入城市,成为贫民区的工人。凯特的画作将孩子们从恐怖的煤矿、冰冷轰鸣的机器中拯救了出来。

《万寿菊花园》插画

《万寿菊花园》插画

1879年，凯特·格林纳威自写自画的童书《在窗下》出版，这是她创作的第一本插画书，在她在世期间，这本书的销量已达十万册，并出版法语版和德语版。这本书让凯特·格林纳威家喻户晓，奠定了她在英国插画史上的地位。凯特给一百五十多本图书画了插画，但是她自写自画的只有两本书，除了这一本，另外一本是1885年出版的《万寿菊花园》。凯特画出优美神奇且充满魔力的童年，她的画中充满英国元素，包括怀旧的维多利亚裙装、恬美的乡村风光等，尽管有些主题略带忧伤，但是她的画洋溢着温和的幽默，令人爱不释手。

凯特画作的最大魅力是完美、不真实，然而，她的作品并非凭空想

《万寿菊花园》插画

象，而是有现实基础的：她童年玩过的游戏出现在她的作品里；她喜欢的地方和人成为她插画的主题；那些漂亮的服饰、华贵的帽子，则是她自己设计的。人们很自然地会推测，凯特一定有幸福的童年，一定是备受宠爱的小公主，或是富贵人家的小姐，而实际上，她只不过是一个普通家庭里四个孩子中的老二。

1846年3月17日，凯特·格林纳威在伦敦北部出生。有趣的是，另一位著名的英国插画师伦道夫·凯迪克也在同年同月出生。一百年后，美国儿童作家罗伯特·罗素在《纽约时报》发表文章指出："在这个月，相差不到一周，两位插画师相继诞生，他们给孩子们带来前所未有的快乐和美好……三月的这一周，改变了童书的将来。"

《万寿菊花园》插画

凯特的家境并不好。凯特的爸爸约翰·格林纳威是自由刻版师，工作不稳定，经常拿不到薪水，但是他影响了凯特的艺术之路。凯特的妈妈手很巧，擅长设计、制作服装，为了贴补家用，她经营了一间裁缝店，卖自己制作的童装和女装。1852年，凯特的弟弟出生，对于六岁的凯特而言，这个婴儿就像是个玩具。凯特一直记得妈妈给弟弟做的各类童装，有些类似的款式还出现在她的插画作品里。凯特一家人在伦敦伊斯灵顿附近住了二十多年，这段日子成为凯特画作的灵感源泉。

六岁那年，凯特"迈进"了一个新的世界。她开始看姐姐丽兹看剩下的童书，像是一下子开了窍似的。她如饥似渴地读《美女与野兽》《钻石与蟾蜍》《灰姑娘》《睡美人》和《蓝胡子》等，读了一遍又一遍。凯特在十八世纪九十年代回忆："这些小画书有着彩色的封面，当时售价一便士、半便士，故事语言简练，情

《万寿菊花园》插画

凯特童年的画作

节充满戏剧化。"并且，凯特小时候就喜欢看成年人的书。她表示："从肯尼·梅多斯的插画到莎士比亚，我从很小的时候就知道戏剧。"她在七岁之前就能看懂《亨利五世》。除了莎士比亚的作品，凯特也会用心看其他的文学作品，不过，她不喜欢哀伤的诗歌。

凯特似乎比别的孩子懂事，也比别的孩子早熟。有时，爸爸带着未刻完的版画回家，要通宵赶工，一直工作到天亮。此时，其他家人都在休息，凯特却悄悄从楼上溜下来，为爸爸倒茶、烤面包片。她像是一个小大人般陪爸爸吃早餐。爸爸给凯特起了个外号叫"门扣"，因为当她号啕大哭时，她的脸庞看起来就像一个门扣。等凯特的手有足够的力气可以攥住笔的时候，爸爸就鼓励她画画——在凯特整个求学期间，爸爸一直是这样做的。画画成了凯特的习惯，她在给朋友的信件中也经常画上小画。

凯特家经常会有一些家庭聚会。兄弟姐妹聚在一起，表演《第十二夜》，展示各自做的灯笼，或是唱歌跳舞，这一切都让凯特感受到童年的快乐。他们居住的小镇上也经常会有很多聚会，但是格林纳威家的姐妹受邀参加的次数很少，而那些肉店、烟草店家的孩子则是聚会的常客。凯特回忆："我们的房子不够气派，我们也没有做任何能够让他们高看我们的事情。"但这不妨碍凯特和其他小孩子一样兴高采烈。她时常蹲坐在家门口，看来来往往的

凯特在写给朋友的信上画的自画像

小伙伴，观察他们的装扮，她记住了那些好看的蝴蝶结、带花边的帽子的样子。凯特家从来没有花园，她就跑到别人家的门口看花，记住那些美丽的颜色。无论是否属于自己，凯特都会记住那些美好的东西。每个人都会选择性记忆，有的人记住的是伤感与仇恨，有的人记住的是幸福与快乐，倘若忘记不好的事，只记住美好的事，生活会幸福很多。大概正因如此，在凯特的画作里，孩子们永远都快乐幸福，像是生活在梦境中，生活在阳光下。

　　幼时的凯特沉默寡言，但她并非好对付的孩子，更令妈妈头疼的是，她和姐姐都不喜欢上学，上了三个星期学后，她们就不肯再踏进校门。妈妈不得不给她和姐姐请了家教，希望她们能有一技之长。家教老师叫黛西，她的学识很有限，但她会弹钢琴，会讲法语。在黛西的影响下，凯特的姐姐成为钢琴老师，而凯特则熟练地掌握了法语。

《万寿菊花园》插画

《万寿菊花园》插画

　　凯特十二岁时，她的父母意识到她有绘画天赋，决定送她去学艺术，希望她将来可以从事和绘画有关的工作。恰好，凯特的表姐——十六岁的玛丽安·索恩也对绘画感兴趣，她便和凯特一起在附近的芬斯伯里艺术学院上夜校学习艺术。玛丽安·索恩不喜欢那里的课程，很早就放弃了，而凯特却如鱼得水，将夜校课程调成白天的课程。在这里学习了六年后，十九岁的凯特又继续到位于伦敦南肯辛顿的艺术学校学习。为画好肖像的服饰细节，凯特经常到伦敦的博物馆和艺术馆临摹艺术大师的杰作，她学习模仿的对象包括洛可可艺术代表人、英国学院派画家乔舒亚·雷诺兹，英国画家托马斯·庚斯博罗和英国肖像画家乔治·罗姆尼等。继承了妈妈的巧手，凯特还经常照着油画里的人物服装自制衣服，然后让模特穿上，供她写生。

《万寿菊花园》插画

　　人们不禁对这个心灵手巧的女孩的样貌产生兴趣。凯特是什么样子的女孩呢？她自己会穿她画的那些漂亮衣服吗？她属于什么风格？从表面上看，凯特并不太注意自己的外表。她的朋友评价她："瘦小，衣着朴素，非常安静，一点儿不显眼……内向、矜持，但带着一股子灵气。"年轻的凯特并不怎么花钱买衣服打扮自己，但她用大部分积蓄买了娃娃。她从童年就开始收藏娃娃，她的零花钱都用来买了娃娃，她会用旧蝴蝶结、妈妈剩下的布料、好看的羽毛等，把娃娃们打扮得漂漂亮亮。毫无疑问，这些娃娃也成为凯特的模特。

　　除了画人物，凯特小时候也喜欢画花。她喜欢画野花，也喜欢画家

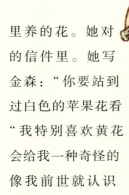

里养的花。她对 花的热爱体现在她给朋友
的信件里。她写 信建议好友维奥莱特·迪
金森："你要站到 一棵巨大的苹果树下，透
过白色的苹果花看 蓝天。"她也曾这样表示：
"我特别喜欢黄花 九轮草和苹果花，它们总
会给我一种奇怪的 感觉，勾起我的回忆，好
像我前世就认识 它们了。"

在绘画初期， 凯特深受拉斐尔前派艺术家
的影响，特别是 但丁·罗塞蒂。她希望自己
的房间里能有两 三幅但丁·罗塞蒂的
画作。她最喜欢 的画作是约翰·米
莱斯的《奥菲丽 娅》。凯特二十一岁
时，她的第一幅 作品发表在童书《幼儿
娱乐》里。1868 年，凯特举办第一次画展，
她认识了《人 物》主编罗浮，在对方的推
荐下，凯特获 得设计贺卡的工作机会。凯
特设计的一款贺 卡销量达两万五千张，但因

《万寿菊花园》插画

《万寿菊花园》插画

《万寿菊花园》插画

《万寿菊花园》插画

《万寿菊花园》插画

《在窗下》插画

与出版社签约一次性版权，她获得的全部酬金只有三英镑。

爸爸为女儿的成就感到欣喜，他也清楚应该如何帮助她。他向朋友埃德蒙·埃文斯写信，希望对方能给女儿未来的发展提些建议。当时，埃德蒙·埃文斯已经是英国出版界的大人物，他提高了英国的彩印技术，并成功打造了两位著名的插画师——沃尔特·克莱恩和伦道夫·凯迪克。埃德蒙·埃文斯邀请格林纳威父女到他家做客，瘦瘦小小、腼腆紧张的凯特令埃德蒙·埃文斯大吃一惊。凯特将自己画的五十多幅作品拿给埃德蒙·埃文斯看，他马上意识到这些作品的商业价值，并且，这些画作的层次感强，很适合雕版印刷。美中不足的是，这些插画所配的儿歌晦涩难懂，有拼写和语法错误。埃德蒙·埃文斯希望只买凯特的插画，但没有料到，凯特固执倔强，坚持图文一起出版。埃德蒙·埃文斯不得不妥协，他同意出版这些插画和儿歌，但条件是要经过修改。

埃德蒙·埃文斯委托好友乔治·罗德里奇出版了凯特的处女作《在窗下》，乔治·罗德里奇便是现在的罗德里奇出版社的创办者。《在

《在窗下》插画

《在窗下》插画

《在窗下》插画

《在窗下》插画

窗下》大获成功，首印两万册很快销售一空。1880年，英国诗人奥斯汀·多布森在看过凯特《在窗下》的画展后，评价她的画呈现了"清澈的眼睛，柔和的脸庞，无忧无虑的童年"。凯特画中孩童的装束甚至引领了法国时尚：围裙、宽边童帽、长袖子、大蝴蝶结等盛行。《巴黎生活》报道，在法国诺曼底的乡下，很多小朋友都穿得像是从凯特童书中走出来的孩子。

爸爸送给女儿的另一个"礼物"是：通过他朋友的帮助，当然，更

《在窗下》插画

重要的是凭借凯特自己的能力，凯特获得为《伦敦新闻画报》画插画的机会。这对凯特来说是一个重大的历史事件，因为凯特自从记事起就是这份画报的狂热读者。并且在当时，《伦敦新闻画报》几乎集聚了英国最好的插画师，能为这份画报工作，本身就是一份荣誉。凯特从1874年开始为这份画报画圣诞特刊，一直画到1885年。

在出版商埃德蒙·埃文斯的引荐下，凯特认识了一位对她影响至深的朋友——英国诗人弗列德里克·罗克-拉姆帕逊。这个富有的中年男人不仅帮助凯特修改儿歌的语法错误，还引领她进入艺术家的圈子：他带凯特到私人博物馆看藏品，出席酒会，并教凯特投资。他也教凯特为人处事，当凯特对媒体的恶评感到不解和沮丧时，他劝慰凯特要看清媒体的本质，不要介意那些没有价值的言论。他鼓励凯特："对评论家的话，你接受一部分就可以。如果他们误解了你的作品，或者故意炫耀自己的小聪明，很令人讨厌，但这也是成功的代价。"他还赞助凯特去乡下拜访艺术界的社会名流。不过，弗列德里克·罗克－拉姆帕逊也给凯特带来一些负面的影响：他建议凯特收集切尔西瓷器，结果，凯特越买越多；他建议凯特有座像样的大房子，过得像个成功的艺术家，于是，凯特花巨款在英国汉普斯特德附近买了一块地，邀请当时英国最优秀的建筑师理查德·诺曼·肖设计了一座像是娃娃们住的房子——这些开支给凯特带来很多经济上的压力。

冉冉升起的新星凯特·格林纳威也引起了艺术界大师约翰·罗斯金的注意。当时，六十一岁的约翰·罗斯金被认为是那个时代最伟大的艺术评论家，他的著作《现代画家》《建筑的七盏明灯》和《威尼斯之石》让他的影响越来越大。并且，他肯定了威廉·透纳晚年的艺术成就，对诋毁透纳的人进行有力反击；在拉斐尔前派的命运岌岌可危时，也是他的鼎力支持，让这群年轻的艺术家的命运出现转机。此时，这位在艺术界声名显赫的人，却成为比他小二十七岁的凯特·格林纳威的拥趸。

《在窗下》插画

1880年1月，约翰·罗斯金第一次给凯特写信，他在信中赞美凯特的才华，写道："你画得不能再美了，像是捕捉了我的梦。"没多久，两人成了无话不谈的好朋友。约翰·罗斯金对凯特充满关爱。约翰·罗斯金认为插图绘画是很浅薄很边缘的艺术形式，要想成为真正的艺术家，凯特必须立足于更高的艺术形式，比如画水彩画或者油画。约翰·罗斯金主张艺术创作要

《哈梅林的魔笛手》插画

回归自然，认为应该把真实放在第一位，作品只有具备了真实性才可
以谈得上美。他不排斥艺术家的想象，但是他指出想象应该建立在尊
重事实的基础上。约翰·罗斯金建议凯特接近大自然，建议她画自然
界里的树叶、花草和山石，他在信里叮嘱她："我希望你能尝试画渔妇
和蹚水的小孩，我希望你能画出大海的蓝色，画出孩子们赤脚跑步的
节奏。"凯特很看重有建设性的批评，她决定接受约翰·罗斯金的建议，
尝试新的绘画形式。

　　不过，凯特的好友、艺术家斯泰西·马科斯却劝诫凯特："你有你的风格，应该尽力去发扬这样的风格。那么多人喜欢你的设计，为你着迷，可又能有多少人买得起你的水彩画呢？你有特殊的天赋，你的职责是尽量发挥这些天赋。"出版家埃德蒙·埃文斯也劝说凯特继续画插画。凯特一度很纠结。最终，她希望能够两者兼顾，她决定在学画水彩画的同时，也继续画插画。1884年，她的插画书《花语》出版；1885年，《万寿菊花园》出版，两本书都显示了她非凡的绘画才能。

《哈梅林的魔笛手》插画

凯特画的水彩画

　　1888年，凯特为《哈梅林的魔笛手》画的插画也成为她的代表作。为了画好这系列插画，凯特不得不找来很多模特，之前，她从未画过这么盛大的场面。过去，她的弟弟约翰、她的爸爸妈妈和她年轻的伙伴们都经常做她的模特。凯特凭借她的幽默、机智、耐心，总能够既让大家开心，又完成她所愿。

　　与此同时，凯特听从约翰·罗斯金的建议，转向创作水彩画。她还和英国水彩画家海伦·阿林厄姆成为好友，两人经常到乡下写生，从不同角度画同一座房子。海伦·阿林厄姆喜欢在小屋门前画上皮肤黝黑的妈妈，妈妈怀抱着小孩；凯特喜欢将屋前画满花草，小朋友们在那里玩耍。

凯特画的水彩画

凯特画水彩画的消息传开了。一些有钱人邀请她画画，但多是请她画他们各自家人的肖像画，他们希望凯特画得"越像越好"。对于凯特来说，画肖像画比画她想象中的人物难多了，但她也不能拒绝。凯特是否后悔画水彩画？无人知晓。不过，她对此曾有过反思。1898年，凯特向好友维奥莱特·迪金森写信，告诉她："我感觉大家并不喜欢我画的这类画，我觉得我已经过气了。"她之所以发此感慨，是因为在这一年的美术协会展览中，她的一百二十七幅水彩画作品只卖出了六十六幅。后来的艺评人也指出，当年，人们更追捧印象派画家詹姆斯·惠斯勒的画，这在某种程度上影响了凯特·格林纳威的水彩画的销量，也让她的插画书不那么流行了。

对凯特来说，十九世纪九十年代是一个不断和亲朋好友告别的年代。凯特的父母分别于1890年和1894年去世。1895年，凯特的好友弗列德里克·罗克-拉姆帕逊去世。1900年1月20日，约翰·罗斯金也与世长辞，凯特悲伤欲绝，表示："我太难过了，因为他是我的知己……再也没有人能像他那样。"1901年11月6日，凯特·格林纳威在汉普斯特德的家中去世。她享年五十五岁，一辈子未婚。

凯特·格林纳威曾在一首诗中写道："当我死时，你们围站在我的周围，看着我的灵魂飞走……我应该去往哪个美丽的地方？"我想此时，她终于可以像她画中的孩子那样，穿上棉布长裙，戴上花边帽，系上蝴蝶结，向那洒满阳光、长满鲜花、处处是苹果绿的仙境飞去……她的话在空气中回荡："你要站到一棵巨大的苹果树下，透过白色的苹果花看蓝天。"

Walter Crane

沃尔特 · 克莱恩:

为莎士比亚剧本绘制插图的"童谣院士"

沃尔特 · 克莱恩

　　冬雪消融，花儿纷纷醒来，伴随着朗朗上口的歌谣，它们化身为人，依次盛放：百合花的花蕾中蹿出老虎和美人鱼，水仙花变成丘比特手中的喇叭，风铃草的绿叶成为仙女的斗篷……沃尔特 · 克莱恩用他丰富的想象打造了一场华美的花之宴。沃尔特喜欢画花，除了《花之宴》，他还画了《莎士比亚花园里的花》《花的婚礼》和《老式英国花园中的花卉幻想》等书的插画。沃尔特笔下的花清纯细腻，和人融为一体，人的世界是花的世界，花的世界也是人的世界。

　　沃尔特 · 克莱恩是同时代英国最著名的三大童书插画师之一。让沃尔特一鸣惊人的插画书是一套"六便士童书"——当时一品脱（英制单位，一品脱相当于0.568升）啤酒的价格是两便士，六便士相当于三品脱啤酒的价格。如此低价，沃尔特希望自己的插画书可以被更多的小朋友看到。在画画之余，他倡导创建平等社会，反对贫穷和剥削，谴责城市化带来的负面影响，排斥在工业化大生产中诞生的粗制滥造的工艺品。

沃尔特·克莱恩在一个充满艺术氛围的环境中长大。沃尔特·克莱恩出生于1845年，此时离英国举办万国工业博览会还有六年时间。沃尔特记得父母曾经前往万国工业博览会参观，并把经历讲给他听。沃尔特的爸爸汤姆·克莱恩是一名版画雕刻师和肖像画师，他和他的三个兄弟都会画插画，他们曾经合作出版了插画书《猪的历史和克莱恩小姐》。沃尔特还是个小男孩的时候，就经常跑到爸爸的工作室，一本正经地照着爸爸的画作勾勒。沃尔特的进步让爸爸感到骄傲，他时常把儿子的作品拿给朋友们看，朋友们都啧啧称奇。儿时的沃尔特还喜欢涂色，他十分痴迷《伦敦新闻画报》的插画师约翰·吉尔伯特的作品，经常把约翰·吉尔伯特的黑白插画涂成彩色。约翰·吉尔伯特是声名显赫的英国插画师，他为莎士比亚剧本绘制了八百多幅插图，后被女王授予爵士。

　　爸爸意识到儿子有绘画天赋后，经常带儿子去艺术馆看画，沃尔特对艺术的了解也主要来自艺术馆。在万神殿艺术馆，本杰明·海顿的油画《柯蒂斯跳进海湾》让他感到震撼；在英国国家美术馆，他第一次看到英国画师理查德·安斯德尔和约翰·弗雷德里克·赫林画的各种各样逼真的动物；在皇家美术学院，约翰·米莱斯创作的《过往的梦——埃森布拉斯渡过浅滩》中那匹彪悍的大马让他着迷，这也是沃尔特首次接触拉斐尔前派的作品。

　　在沃尔特的童年，英国艺术正经历前所未有的转型。拉斐尔前派刚刚诞生，英国艺术家、艺术评论家约翰·罗斯金是拉斐尔前派的坚定拥护者，很快，沃尔特成为他的粉丝。爸爸送给沃尔特约翰·罗斯金的艺术评论集《现代画家》，沃尔特被书中关于自然的描述以及作者对威廉·透纳的作品的深刻而生动的解析深深吸引。沃尔特又把约翰·罗斯金的艺术评论集《线条、光线和色彩：罗斯金论绘画元素》找来看。拉斐尔前派画风的种子不知何时种在了沃尔特的心中，深深影响了他后来的创作。

一幅画改变了沃尔特的人生。有一次，沃尔特随手画了几幅画，其中一幅是根据英国诗人丁尼生的诗歌创作的油画《夏洛特女郎》。英国著名木版画雕刻师、诗人威廉·詹姆斯·林顿看到这幅作品后，觉得这个年轻人很有艺术天赋，便主动邀他为自己工作，希望把他培养成一个艺术家。见英国最厉害的版画家伸出橄榄枝，沃尔特的父母喜出望外，希望儿子尽早走上艺术之路。于是，沃尔特成为一名学徒工，这一年，他十三岁。之后每周一到周五的早上十点到下午四点，以及每周六的上半天，沃尔特都会来到伦敦埃塞克斯街33号，照着艺术家的作品，把它们雕刻到木板上。沃尔特不仅很快适应了这里的工作，还和林顿的儿子威廉成为好朋友。工作之余，两人在附近玩捉迷藏的游戏，或到溪边玩耍。日复一日，年复一年，这个过程教会了他许多绘画的技法。

不幸的是，1859年7月，沃尔特刚做了几个月的学徒工，他的爸爸突然病逝。对沃尔特来说，这是一个巨大的打击，他不仅失去了爸爸，也失去了一个智慧的、对他处处鼓励的人生导师。不过，幸运的是，此后，林顿如师如父，给沃尔特很多关照。林顿时常安排沃尔特去做一些可以挖掘他才华的事情，比如，林顿帮他搞到动物园的学生季票，这样他可以随时去动物园画动物。从1859年夏天开始，之后的三年时间里，沃尔特一有时间就去动物园写生。通过这

《花之宴》黄水仙插画

类训练，沃尔特学会了如何画运动着的对象，这为他日后做插画师提供了巨大的益处。沃尔特绘画的内容也更丰富起来，包括商品目录页里的老式床架、医学用的解剖图，他还为《世界新闻报》绘制法院庭审的现场图等。与此同时，沃尔特也继续向艺术大师，如约翰·坦尼尔、但丁·罗塞蒂和威廉·布莱克学习。

《花之宴》蓝铃花插画

做学徒工的日子忙碌而辛苦，但沃尔特很感激师傅的教导，他在1890年发表的《代表作》中表示："对我而言，做这样好的艺术家、雕版印刷师的学徒工是非常有益的经历。"名师出高徒，沃尔特的羽翼日益丰满，1862年，十七岁的沃尔特决定自立门户，成为一名独立画师。

这一年，令沃尔特引以为豪的另外一件事是他画的《夏洛特女郎》在英国皇家美术馆展出。这给他带来很多机会，比如有人愿意出钱请他画画。1866年，杜德利画室开业，沃尔特的另一幅油画作品入选展出。沃尔特信心十足，希望自己能被主流艺术界接受，成为被认可的油画师。沃尔特并不喜欢意大利早期艺术家的作品，他支持约翰·罗斯金的艺术理论，认为画家应该展现真实的自然，因此，他的作品包含很多从自然界中观察而来的细节。他每天练习画动物、伦敦的建筑、小孩子们玩耍……同时，他的作品又带着浓重的怀旧情绪，充满浪漫主义色彩。沃尔特在《一个艺术家的回忆》中写道："我所憧憬的世界是梦想中的世界，是一个与世隔绝、安静的绿色花园。"

此时，沃尔特勉强算得上是一名专业油画师，但他的油画作品有着明显的缺陷，比如画面过于单调，没有震撼力。很快，沃尔特不得不面对这样一个现实：画油画不能给他带来很高的收入。沃尔特只得同时做些别的事情。他为《一周一次》《佳言》和《笨拙》杂志画插画，也为图书画插画。有心栽花花不开，无心插柳柳成荫。没想到的是，1862年，沃尔特为怀兹的新书《新森林》画的插画引起英国作家乔治·亨利·刘易斯的注意，刘易斯发表文章称赞沃尔特的作品，这名年轻的插画师一下子获得了业内人士的认可，甚至被人们誉为"神童"。不过，沃尔特并不喜欢这个称呼，他更希望人们把他当作是一名职业插画师。

1863年，沃尔特认识了出版商埃德蒙·埃文斯，埃德蒙特别重视儿童读物的质量。当时，安徒生的童话刚刚诞生。之前，童谣和童话一直被印刷在廉价、粗糙的小册子上，出版商常常以机器化大生产为理由忽视童书的设计和装帧。埃德蒙·埃文斯对此特别看不惯，他认为如果销量足够大的话，即使不提价，童书的质量也完全可以提高。埃德蒙·埃文斯邀请沃尔特为他们即将出版的一系列童书做设计，沃尔特用手中如神的画笔，将简单的童书变成生动有趣的艺术作品。这一系列童书被称作"六便士童书"。不久，出版商乔治·罗德里奇从这套童书中获得启发，也邀请沃尔特为他们出版的童书画插画。从1867年开始，之后的十年时间里，沃尔特为三十七本童书画了插画，这些童书包括《美女与野兽》《小红帽》《阿里巴巴和四十大盗》《神仙船》和《黄色小矮人》等。

与沃尔特所画的反映现实世界的油画大相径庭，他画的这些插画描绘的都是他想象中的世界。这个世界优美、传奇、精致且充满魔力，这些插画唤醒了孩子们真善美的意识，像春天的阳光一样温暖着孩子们的心田，一些评论家将沃尔特誉为"童谣院士"。

沃尔特这个阶段的插画作品轮廓清晰，色彩浓重，黑白分明。沃尔

《莎士比亚花园里的花》紫罗兰插画

《美女与野兽》插画　　　　　　　　　　　　《黄色小矮人》插画

特解释，这是因为受到日本绘画作品的影响。沃尔特曾有一位当海军的朋友，这位朋友经常随船去日本，他的家里有一整架子的日本印刷品。有一次，朋友发现沃尔特很喜欢这些印刷品，就送给他一些。这些印刷品对沃尔特的创作产生了重要的影响，最令沃尔特恍然大悟的是：原来，黑色不仅仅可以用来勾勒图像，也可以是颜色的一部分。

沃尔特插画作品的另一个特点是充满细节，无论是美女还是野兽，或是青蛙王子，都被描绘得生动而细腻。他的插画也并非一幅幅独立单一的图画，而是和书的内容紧密结合。沃尔特认为，只有插画和文字结合在一起，才能吸引读者沉浸于作品之中，并且，插画不应该是随处可插的，不是随便画的，而要根据书的内容创作。

1874年，画完《树林中的睡美人》，沃尔特便暂停和罗德里奇出版社的合作，开始全身心为莫尔斯沃思夫人的书画插画。莫尔斯沃思夫人是英国著名的儿童小说家，她的语言风格极其简洁，书中文字的语法和

《美女与野兽》插画

语调都像是出自小孩子之手。在为她的十六本童书画了插画后，沃尔特又继续和埃德蒙·埃文斯合作。此时，两人打破常规，首次合作出版了一本将乐谱和插画结合在一起的新形式的童书，即1877年出版的《宝宝们的歌剧》。因为此前图书市场上从未有过这种形式的书，书刚上市时曾遭到图书商的拒售，但是读者们却很喜欢这类书。这本书成功后，1878年，沃尔特又画了类似的童书《宝宝们的盛宴》。

《爱丽丝梦游仙境》和《爱丽丝镜中奇遇记》的作者刘易斯·卡罗尔对沃尔特画的插画赞叹不已。1878年，他写信给沃尔特，说自己不喜欢约翰·坦尼尔的插画风格，不想再和坦尼尔继续合作，希望沃尔特能为他的新作《布鲁诺的复仇》画插画。但沃尔特婉言拒绝了——大概因为约翰·坦尼尔一直都是沃尔特的偶像、前辈，沃尔特不想和他竞争。

沃尔特也热衷于儿童教育。1884年，沃尔特和圣安德鲁斯大学的教育和语言学教授米克尔·约翰合作出版了《黄金入门》，这是一本用插画教孩子们识字的童书；沃尔特又和娜丽·戴尔小姐合作，出版了教孩子们学习单词的童书。

　　爱尔兰作家奥斯卡·王尔德是沃尔特的好友，他经常向沃尔特约画。1888年，沃尔特和乔治·胡德合作为王尔德创作的童书《快乐王子》画了插图。

《神仙船》插画

《宝宝们的盛宴》插画

沃尔特通常一次性把自己的插画作品卖给出版社，出版社给他的报酬很低，但他并不介意，他表示："即使这些插画不能给我带来很多钱，我也觉得这很有意义，因为我在将我自己觉得有意思的各种细节展现出来，这样想的话，他们是我的工具。"沃尔特的真诚也为他带来更多的工作机会，有人请他设计房间、印刷品的图案，以及画彩色玻璃等，但没有人请他画油画。

除了画画，沃尔特的另一个梦想是改良社会。画画之余，他读雪莱的诗歌，看英国思想家约翰·斯图尔特·密尔的著作，他开始思考社会的本质，以及怎样的社会才是更美好的社会。此时，在约翰·罗斯金的艺术理论的影响下，英国设计师威廉·莫里斯正在发起一场旨在反对工业化大生产的英国工艺美术运动。威廉·莫里斯是一位积极的社会主义者，他时常表达对当时的英国资本主义制度的憎恶，以及追求美好幸福的人类社会的理想。沃尔特与威廉·莫里斯很快成为好朋友，他们都认为艺术是社会发展的动力，应该被所有人享用，他们都对充满商业化、以赚钱为目的大规模批量生产出来的艺术作品嗤之以鼻。

在威廉·莫里斯的影响下，沃尔特成为一名社会主义者。他以满腹热情投入各类社会主义运动，他画鼓励民众信仰社会主义的插画，每周创作一则和社会主义运动有关的卡通漫画并发表在支持社会主义运动的杂志上，他还为社会主义同盟设计了会标，其中铁匠的形象便是以威廉·莫里斯为模特设计的。沃尔特对社会改革的热情不仅仅体现在艺术创作上，也体现在散文写作和各种演讲活动上，尽管他根本不擅长写作和演讲。萧伯纳曾带着开玩笑的口吻评价他的演讲："只有他用粉笔在背后的黑板上画图时，他的讲座才能让人勉强听下去。"

1915年3月14日，沃尔特在哀伤中去世——三个月前，他的妻子不幸被火车撞死，这个消息让沃尔特悲痛欲绝，不久后，他的儿子又在第一次世界大战中阵亡。《泰晤士报》撰写悼文缅怀沃尔特："他是将英国的设计从无望和丑陋中拯救出来的艺术家之一，如果我们对他的作品不熟悉，我们更能看出这些作品的价值和原创性，但是我们在童年时就已经熟悉了他的作品。我们喜欢他的插画童书，再没有其他书能够带给我们如此多的快乐。"

从少年时代，沃尔特·克莱恩就梦想成为一名艺术家，他为此倾尽全力：他打破常规，十三岁就成为学徒工，一千五百多个枯燥乏味的雕版工作日帮他打下扎实的绘画基础；他的理想之光并没有因现实境遇而泯灭，他从未放弃学习，等待厚积薄发；他独树一帜，他的创作必定含有他自己的思考和坚持……沃尔特也画了不少油画，但是他没能成为著名的油画师，而成为杰出的插画师，这也许是遗憾，也许是必然。毕竟，通往成功的路有很多条，总有一条是属于你的，但这条路在哪儿，到底该怎么走，要靠你自己去不懈地努力，去孜孜不倦地寻找。

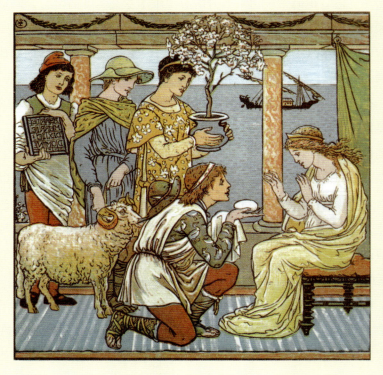

《宝宝们的盛宴》插画

Heath Robinson

希斯·罗宾逊:

画异想天开的奇特装置

希斯·罗宾逊

1912年，希斯·罗宾逊的名字被载入史册。原本简单的任务，通过复杂的机械组合以迂回曲折的方法来完成，并且各个步骤必须环环相扣，物尽其用，人尽其能，否则预期的任务将无法完成。这些复杂精密、异想天开、华而不实的装置被称为"希斯·罗宾逊的装置"。《牛津英语词典》对这个短语的解释是"奇妙，荒谬，过于复杂"。

一战期间，"希斯·罗宾逊的装置"功不可没，相关画作成为英国士兵和民众对付恐怖战争的解药。希斯的作品里没有仇恨，没有恶意，只是充满讽刺的幽默。这些漫画鼓舞着英军的斗志。通常一个人的幽默和睿智来自他的阅历，希斯却在自传书《我的生命线》中表示："我的故事平淡无奇。"

1872年5月31日，希斯·罗宾逊在伦敦出生，在七个兄弟姐妹中，他排行第三。他的爸爸是雕版印刷师和插画师，他的妈妈是酒吧老板的女儿。有兄弟姐妹的陪伴，希斯度过了一个幸福快乐的童年。他在自传书《我的生命线》中回忆，周日，所有的孩子都围绕在爸爸旁边，看爸爸画图。希斯很喜欢读书，他和家人经常从二手书店买书。他在很小的时候就不怎么爱看童书了，而喜欢看一些冒险类的书，比如《鲁滨孙漂流记》，或者英国文豪沃尔特·司各特创作的那些关于中世纪苏格兰国王和骑士的小说。希斯从小就对那些复杂的装置情有独钟，当哥哥们喜欢贝壳时，他最钟爱的是战斗机和攻城坦克。希斯的爸爸鼓励孩子们动手动脑，希斯和兄弟姐妹们经常把家当成舞台，表演自编的话剧。希斯最喜欢的户外活动是和两个哥哥一起漫无边际地走路，他们经常朝着某一个方向，或者沿着某一条街，一直向前走。有一次，他们朝着苏格兰的方向一直向北走，走到了天黑。他们边走边把自己想象成《雾都孤儿》中的奥利弗·特维斯、小扒手道奇等。希斯表示："大概是这些无拘无束的经历，为我成年后创作富有想象力的作品打下了根基。"

希斯从小就喜欢画画，他下定决心要成为一名艺术家。父母也觉得希斯有绘画天赋，便在他十五岁时，送他到一所离家不远的艺术学校学习绘画。希斯后来回忆说："我对艺术家的了解来自我所读过的伟大艺术家的故事。我以为只不过是让我做选择——我是在教堂或修道院里画壁画，还是周游世界画风景画和古城。在我看来，后者是我理想中的生活。"希斯时常想象自己刚从阿尔卑斯山写生回来，衣服破烂不堪，脸被晒成了棕色，头发在风里飘，怀里抱着几幅要在

希斯六七岁时画的自画像

希斯的自画像

国家美术馆展出的画作……而现实却是，希斯所想象的是维多利亚中期的艺术家，在他所生活的那个年代，这样的艺术家已经越来越少。

为了能够到英国最好的艺术院校——皇家艺术学院学习，希斯勤学苦练。他经常到大英博物馆临摹古希腊大理石雕刻。功夫不负有心人，1892年1月，希斯第二次申请该学院时被录取。但是希斯并不喜欢传统的教学方式，他特立独行，多数时间都待在家里独自画画。他认为正规艺术学院的学习让他收获很少，他抱怨这些按部就班的课程，比如临摹古董会让画师的作品里充斥又长又直的鼻子和很短的上唇——因为这些特征是欧洲古典雕像的特征。希斯也不喜欢旅行，那个时期，新艺术运动正席卷欧洲，印象派绘画也达到了鼎盛时期，希斯的很多同学早已去过法国、比利时，去了解这些革新和变化，但是希斯连英国都没有离开过。他第一次离开英国是在1918年，他四十六岁的时候——那一次，他受邀去法国做客。

1897年1月，希斯的学生证到期，他也到了自力更生的年龄。当时，他面临几个选择：画人物肖像，这份工作酬金高，但没几个人雇人画肖像；为教堂画装饰画，但大多数教堂都已经被装饰过了；设计剧院的舞台背景；为图书杂志画插画。希斯最想成为风景画师，他向数位潜在雇主提出画风景画的想法，但屡屡碰壁。希斯并没有放弃，他决定先画起来。谁料事与愿违。因为希斯不属于任何院派，艺术馆不接受他的作品，收藏家也对他置之不理。一个暑假过去了，希斯拿着自己的作品找到一位画商，画商问他是否卖出过画，希斯回答没有。画商问他：

"你已经到了该自己养活自己的年纪了吧？"希斯说这正是他卖画的原因。结果，画商建议他还是尝试做点别的事情赚钱。

最终，1897年那个夏天，希斯只卖掉一幅画，而买主是他的好朋友，对方纯粹为了帮他才买他的画。希斯不得不接受这样的现实：做风景画师养活不了自己。最现实的出路是像爸爸那样，为图书和杂志画插画。此时，希斯的两个哥哥已经成为小有成就的插画师。

希斯为罗伯特·路易斯·史蒂文森的《儿童诗园》画的插画让他在插画界得以立足。一本名叫《工作室》的插画杂志也发现了希斯的艺术才能，刊登文章推荐他。当时，印度民间传说在英国很受欢迎，希斯先后给印度传说《巨大的螃蟹》《罗摩和猴子》和《罗摩衍那》画了插图。

在《巨大的螃蟹》中，希

斯的插画洋溢着新艺术的气息。

　　希斯也和哥哥们合作。1899年9月，受邓特出版社的邀请，他们兄弟三人一起为《安徒生童话》画插图。当时在邓特出版社工作的弗兰克·斯温纳顿回忆："他们三人像是三剑客，汤姆瘦小稳重，查尔斯轻松而自信，希斯比较瘦，比他的两个哥哥要高，他穿着大衣，扣子都整齐地扣好。"三兄弟各自为这本书画了三四十幅插图，虽然插图完全是手绘，但是效果很像是雕版印刷的。这本书获得成功，到1939年，已经再版了十四次。之后，希斯为阿拉伯民间故事集《一千零一夜》画插图，他利用这个机会，继续尝试自己的风格，比如在插图中用小说的视角再现场景，借用装饰元素丰富插图等。

　　希斯的画作很细腻，也很有逻辑，但是他的工作室很乱，到处都堆得满满的。有人认为，只有身处较凌乱的环境中，人们的思路才会更敏锐，效率才会提高。希斯完全可以成为这类人的代言人。他不拘小节，他的朋友开玩笑说，最好不要借书给他，因为无论什么样的书，要他还的时候，不是找不到，就是书已经被损坏。希斯对自己的衣着很不讲究，去正式场合吃饭，他常常忘记穿正装的裤子，但他会马上自我解嘲："没关系，因为我的腿会一直放在桌子下面！"

　　既然做了插画师，那一定要做最好的插画师。很多时候，机会是要靠自己去争取的。1899年年底，希斯毛遂自荐为拜伦的长篇叙事诗《恰尔德·哈洛尔德游

《月亮的首航》未出版的插画

记》画插图，但被拒绝。之后，他又提出为美国诗人爱伦·坡的诗集画插图，这次他获得了许可。在这本插画诗集中，受插画师奥伯利·比亚兹莱的影响，希斯除了再现文字叙述的场景，也发挥想象，对插图进行了很多装饰。爱伦·坡的诗歌集出版后，希斯信心十足，希望为但丁的诗集画插图。他写信给出版商爱德华·贝尔说："我最近在读您借给我的《但丁诗集》，我太想为这本诗集画插图了。从给爱伦·坡的诗集画插图的过程中我学到很多，我感到我现在更能胜任这一类的工作了。"可能因为但丁的名气太大，也可能因为希斯的上一本插画书销量不好，希斯的请求被拒绝。

希斯一直在摸索自己的画风，在他三十岁时，他画"奇特装置"的

《鲁宾叔叔历险记》插画

天赋初显出来。1902年10月，由希斯自编自画的插画书《鲁宾叔叔历险记》出版，这本书讲的是鲁宾叔叔如何坚韧不拔地寻找被大鸟叼走的外甥彼得的故事，是希斯送给外甥贝的圣诞礼物。希斯花了很多心思设计这本书：首字母是红色的大写字母，文字部分的排版呈现出倒金字塔形状或"T"字形。书中充满了想象，比如鲁宾叔叔到深海里寻找彼得，遇到一群来自海底世界的小海人。一个小海人告诉鲁宾叔叔，他和同学们都不能去上学了，因为一只突然出现的大鱼把学校的老师都吃掉了。小海人的头发都竖着，并随着海流起伏。鲁宾叔叔修建了一艘叫凤凰的飞艇、一条叫海怪的船和一艘潜水艇，他穿着十七世纪日耳曼旅行者的服装，背着剑，使用老式的大口径短炮。他经常出丑，经常失望，但从不会放弃。书中有一个情节是鲁宾叔叔把撑开的伞倒置过来，划着"伞船"逃离洪水，这给后来的童书《小熊维尼》系列故事很多启发，小熊维尼也是用这样的方式逃命的。在自传书《我的生命线》中，希斯称鲁宾叔叔是"奇怪的天才"，甚至可以借助一根绳子做出出人意料的事情。这本书里的冒险和科幻内容让孩子们眼前一亮，尤其是书中无处不在的幽默，常常令孩子们捧腹大笑。希斯表示："画鲁宾叔叔让我获得了很多乐趣，我认为，应该是语言配合插图，而不是插图配合语言。我的很多插图作品都是这样创作的。"

希斯创作的插图也越来越具有个人风格。和同时代的插画师相比，他的作品中包含了更多的原创元素，比如希斯为莎士比亚的浪漫喜剧《十二夜》画的插图传递的是一种氛围，而不是剧中发生的情节。希斯并不推崇当时插画家通常秉持的理念——他们画的像是舞台剧的画面，读者看插画像是在看剧院里的演出。1910年，希斯自编自画的童书《守护人》出版，这本书讲的是一个叫比尔的保姆的故事。比尔既是保姆，也是英雄，他偶然发现特洛伊的国王在草垛上睡觉，然后他跟国王返回特洛伊，帮国王赢回王冠。他们在途中遇到各种各样的人，包括古代的水手、三胞胎、野人和迷路的水果商等，这些人各自讲完自己的悲惨命运后，加入国王的队伍。这本书

《鲁宾叔叔历险记》插画

很成功，书中出现的尘土堆、木材储藏室、铁皮煤油炉和怪鸟，都成为希斯后来创作古怪的"机器"和"装置"的素材。

1913年，希斯为莎士比亚的《仲夏夜之梦》画了插画。在这本书中，他借鉴了更多比亚兹莱的技法，比如在作品中画了大量装饰性的树叶和细密的花簇——这些元素给画作带来层次感和神秘感。这本书出版于1914年10月，希斯认为这本书是他的杰作。但因为第一次世界大战爆发，买奢华书籍的人越来越少，含有希斯插画的莎翁剧本鲜有人问津。

希斯正郁郁寡欢时，另一个机会悄然而至。希斯为插画周报

《挖隧道突然邂逅敌人不知道该说什么好》

《素描》画的一组名叫《每天》的漫画很受欢迎。这组漫画的主题是德军如何秘密进攻英国，以及英军用怎样五花八门的方式对付德军的入侵。希斯异想天开，幽默风趣的才能在书中淋漓尽致地展现出来：他画德军挖隧道挖到英军的地段，然后往英国士兵脚下注射冻疮剂；他画德军大难临头还在地下隧道里悠闲地泡澡；他画英军和德军同时挖隧道，结果在地下相遇，不知道该说什么好。这些作品讽刺了德军的傲慢与自信，缓解了战争给人们带来的恐惧和忧郁。

　　希斯还为士兵们设计圣诞贺卡。1915年，他为英国第三部队设计了圣诞贺卡，贺卡上写道："圣诞夜，我们可能会碰到圣诞老人。"画中，一名穿着圣诞老人衣服的德国士兵背着炸药，鬼鬼祟祟地潜入英军驻地，将炸弹放进正在睡觉的英国士兵的袜子里。这张卡片很受士兵们的喜欢，被印刷了三万张。1918年，他又为英国第十九部队设计了圣诞贺

卡。卡片上，插着蝴蝶形状翅膀的英军从天而降，让正在吃圣诞大餐的德军大吃一惊。

希斯收到很多来自士兵、民众的信件，这些信件有的向他致谢，有的向他讨要作品，更多的读者写信和他一起天马行空地想象德军可能的进攻方式，以及英军如何抵抗。来自前线的士兵写道："亲爱的希斯·罗宾逊，你的发明创造能为战争的胜利起到决定性的作用，你能够为我们描绘出将抛锚的装甲车从战壕里拖出来的场景吗？我们该如何快速高效地将子弹从装甲车上卸下来？"皇家飞机制造厂的来信告诉希斯，他们所制造的一座航空发动机打算用他的名字命名。

第一次世界大战结束后，希斯延续这种奇思异想，将复杂的装置和不动声色的幽默带进关于日常生活的漫画创作中。他的一幅作品画的是《在不打扰楼下邻居的情况下，如何享受英国广播公司播出的萨瓦伊·奥菲的音乐》。画面中，

《用现代牙仪器检测人工牙》

《测试高尔夫球拍》

《圣诞拉炮工厂应对即将到来的节日》

二十多个人正踩在厚厚的床垫上，每个人的脚上都捆绑着海绵或带着鞋套，房间中央的吊灯探出来很多缆线，缆线连着耳机，每个人都戴着耳机翩翩起舞，楼下的邻居正在酣睡。希斯用风趣的画面提醒大家要做文明市民。在另一幅名为《为盘子涂一层保护膜》的漫画中，为了获得保护膜，一名工作人员正在用蜡烛给大铁锅加热，煮新鲜的鱼以获得鱼胶，同时往锅中加蛋清。

《在不打搅邻居的情况下，如何享受英国广播公司播出的萨瓦伊·奥菲的音乐》

《为盘子涂一层保护膜》

　　"希斯·罗宾逊的装置"越来越有名，通常，组成这些装置所需要的零件包括废弃的木头、绳子、足球胆、陈旧的钢板、被淘汰的钉子……仿佛是机械师后院里堆着的杂物。这些装置的一个特点是大部分制造环节由人工完成。比如在他的作品《怎样给火柴加磷》中，由人工把火柴依次绑在大转轮上，由人工摇车轮，由人工用鱼身上的磷给火柴加磷，再由人工把火柴从车轮上取下，装进火柴盒里。这套装置一环扣一环，运转有序，然而整个工序要由七人完成！

　　"希斯·罗宾逊的装置"这个短语最终被收入词典。《牛津英语词典》对这个短语的解释是"奇妙，荒谬，过于复杂"。实际上，像希斯这样构思作画的艺术家不止一个，比如美国的鲁布·戈德堡和丹麦的罗

《怎样给火柴加磷》

伯特·彼得森等。他们都用复杂的办法完成简单的事情，他们设计的机械运作复杂费时，整个过程给人荒谬、滑稽的感觉，但是同时，整个工序必须计算精确，令机械的每个部件都能够准确发挥功用，否则，很有可能导致原定的任务无法完成。

1939年，第二次世界大战爆发，六十多岁的希斯又开始创作战争题材的漫画，用来鼓舞士气。希斯似乎预见英军会成功，他的一幅作品描绘的是战争胜利后如何公平地分配战利品：战利品被标上号，每个人被蒙上眼睛摸号，获得号码所对应的战利品。但遗憾的是，希斯没能看到二战胜利的那一天。1944年9月13日，他因病去世，永远离开了妻子和五个孩子。

希斯的作品给很多人带来快乐，消解了他们的苦闷和忧愁，而希斯自己放松的方式是画风景画。成为风景画师是他最初的梦想，他也曾为这个梦想努力过，但他最终成为被载入史册的杰出的插画师。希斯勇于毛遂自荐，在创作过程中不懈地借鉴和摸索，这些都表明：通向成功的路不止一条，重要的是要一直鼓起勇气，一直奋斗不止。

Arthur Rackham

亚瑟·拉克姆：

《格林童话》里的"精灵"

亚瑟·拉克姆

河鼠坐进船里，等待着鼹鼠上船，它们即将开始一段美妙的旅程……河鼠的话音在空气中回荡："坐在船上，或者跟着船到处游逛。待在船里，或者待在船外，这都无所谓。好像什么都无所谓，这就是它让人着迷的地方……"这是英国童书《柳林风声》中的最后一幅插图所描绘的场景，也是亚瑟·拉克姆生前最后一幅作品。

亚瑟有一双灵慧的大眼睛，他戴着圆圆的金丝边眼镜，精瘦、不高，嘴角总带着狡黠的微笑。他有一张沧桑的脸，他的侄子评价他："脸是枯萎的，布满皱纹，像是熟透的核桃，当他的目光从眼镜后悄悄注视我的时候，我觉得他像是《格林童话》中的精灵！"

是的，亚瑟拥有精灵的魔法，他画的《爱丽丝梦游仙境》神秘而诡异，他画的《安徒生童话故事》奇异瑰丽，他还把自己画进作品里，他是《肯辛顿花园的彼得·潘》中的大鼻子妖怪……在他所描绘的世界里，人、兽、树、精灵往往没有明显的边界，现实生活与奇幻世界融为一体，唯美与狰狞相辅相成。

1867年9月19日，亚瑟·拉克姆出生于一户典型的维多利亚中产阶级家庭。他从小就喜欢画画，并且特别爱画一些奇怪的主题。他上床睡觉前，一定会拿着笔和纸，父母不允许他这样做，他就悄悄拿走笔，然后趁大人不注意时，往枕头上画。亚瑟在幼儿园时非常调皮，他发现幼儿园的木马腹部有一个洞，便把老师的顶针塞进木马里。结果，当有小朋友坐上去摇木马时，木马发出吱吱呀呀奇怪的声音。年幼的亚瑟曾一本正经地要奶奶坐在那里，说给她画像，谁料画出来的却是一幅漫画，画中的奶奶有着奇怪的长鼻子和尖尖的大耳朵。

　　上学后的亚瑟是一名认真读书的好学生，他好几次获得奖学金，包括一次数学竞赛奖。但他最讨人喜欢的是幽默的个性和超常的绘画天赋。他以学校老师为原型创作的漫画生动有趣，甚至被老师要求多画几幅。

　　亚瑟是个充满生命力的孩子，但也是个体弱多病的孩子。他十六岁时病了很长一段时间，医生建议他休学，陪家人去四季如春的澳大利亚休养一段时间，希望那里温暖的天气能够帮助他恢复健康，而正是这一趟远行影响了他的一生。1884年1月26日，亚瑟从英国普利茅斯港口乘船出发，经过地中海和苏伊士海峡，于3月15日到达悉尼。他在

《蓝开始的地方》插画

悉尼住了三个月，七月返回伦敦。在澳大利亚生活期间，亚瑟一直在画画，他画了很多水彩画，包括船夫、海景等。

奇特的是，从澳大利亚归来后，亚瑟的病症完全消失，他又像是童年时那个活蹦乱跳的小家伙了。此时，他也做出决定，画画能让他乐在其中，他要一直画下去，成为艺术家。1884年秋天，亚瑟开始进入兰贝斯艺术学校学习。梦想撩人，却无法赢得面包。亚瑟的家境并不富裕，他行事慎重而踏实的个性，不允许他冒险地全心投入艺术创作，而他的完美主义倾向又让他坚持梦想。最好的解决方案是边工作边画画。1884年11月11日，亚瑟之前的老师为他写了推荐信，亚瑟获得在威斯特敏斯特火灾保险公司工作的机会。之后的七年时间里，从1885年到1892年，亚瑟白天工作，晚上画画，他仿佛同时过着两种人生：白天，他是谦虚谨慎的办公室职员；晚上，他才思泉涌，激情和灵感都变成了

《爱丽丝梦游仙境》插画

画作。无休止的忙碌是亚瑟为理想付出的代价，他几乎没有时间和朋友聚会，更没有多少时间休闲。

亚瑟把年轻时的努力看作是一生的财富。1909年，一个同样不得不在面包和梦想之间挣扎的人给亚瑟写信抱怨自己的处境，亚瑟这样回复："你说你的处境和我曾经的处境差不多，我十七岁时开始在社会上赚钱谋生，在之后的七年时间里，除了从早上九点到晚上五点的工作时间外，我都在努力学习画画，直到差不多二十五岁时我才开始以绘画为职业。这个职业收入微薄，最初我不得不做一些很没有意思的事情，但我从来没有因此而感到失望。你也要学会坦然处之，在你现在这个年纪，几乎不可能预测你的才华到底有几分。你充满热情，这是好的开始，但只有等你年纪大一些时，你的艺术天赋才能充分发挥出来，你才能知道自己真正的能量。若想靠艺术赚钱，几乎不可能，只有少数几个人可以做到，大部分人都是失败的。我对你的建议是，继续从事你现在的工作，同时去一所艺术学校学习，尽量去你附近最好的艺术学校接受艺术教育，参与学校的竞争。现在先不必浪费时间想着赚钱。"

《温蒂妮》插画

亚瑟的劝诫语重心长，追求梦想本身就像是一场赌博，每个人胜出的概率并不一样，这由个人的天赋、努力和机遇共同决定。最妥帖的做法是像他那样，在没有把握梦想会变成面包前，两者都不要放弃。

当你离梦想越来越近时，你就可以奋不顾身地去拥抱它了。亚瑟在《蓓尔美尔街预算》杂志发表了大量作品，当时他最擅长的是画现实生活中的人和物，他画伦敦街头的生活、店铺、街道、火车站、剧院、教堂和动物等已经轻车熟路。1892 年，亚瑟感觉已经有足够的能力靠绘画养活自己，于是，他辞掉保险公司的工作，加入新创刊的《威斯敏斯特预算》杂志，担任记者和插画师。他当时的工作类似现在的摄影记者，主要是用插画展现新闻现场的人物和事件。为了适应工作，亚瑟接受了专门的新闻训练，学习迅速观察细节、记住细节等，这些经历帮助他练就了几乎可以过目不忘的本领。之后，他被派到不同地点即兴绘画，比如案发地点、法庭和失火现场等。他经常刚画完一幅表现银行如何被盗的画（画中，一名警察站在银行外，戴着高帽的窃贼和银行的工作人打招呼，让对方走神），马上又出现在皇宫里画爱德华王子。对亚瑟而言，这些高强度的不同主题的绘画任务是挑战，也是训练。一年后，亚瑟开始为各类图书画插画，他画的第一本插画书是旅行书《到另一边》，书中的插画包括盐湖城和旧金山的风景等，他是比照着摄影师在当地拍摄的照片画的。

亚瑟也画过别的东西，比如自画像和人物肖像等，但他对自己的作品很不满意。他后来逐渐喜欢上为文学作品画插图，并且，这既是他喜欢的工作，也是能够赚钱的工作。此后，插画家成为他一生的职业，也能让他兼顾理想和面包。

1900 年，《格林兄弟童话故事集》的出版给亚瑟的事业带来了转机，这本封面是彩图、包括九十九幅黑白插画的童书，令亚瑟名声大振。他画的人物灵气十足，充满维多利亚时代的唯美、梦幻风格。《威斯敏斯特公报》评价："孩子们一下就看懂了。"亚瑟写信给好朋友弗兰克·雷德威，告诉他自己非常喜欢画这组插画，并表示，他的这些插画完全忠实于原著，他的发挥完全是以文字

为基础。不久，亚瑟又为《格列佛游记》画了插图。

年轻时的亚瑟并不帅，但是他的长相总能给人留下深刻的印象。他六岁的侄子沃尔特·斯塔基评价他："他的脸是枯萎的，布满皱纹，像是熟透的核桃，当他的目光从眼镜后悄悄注视我的时候，我觉得他像是《格林童话》中的精灵！他总是穿着皱皱巴巴的蓝色西装，穿着拖鞋在他的工作室里晃来晃去。当他拿着画板和画笔的时候，对我而言，他又像是巫师，他用魔杖轻轻一点，让我的世界充满了精灵和妖怪。他会带我外出散步，他边写生边给我讲故事，讲那些住在树根里的精灵，他们可以把从错综复杂的根里流出的树液加工成黄油……"当时，亚瑟只有三十三岁，这样形容他似乎有些夸张，但他的确长相老成。沃尔特·斯塔基继续回忆姑父亚瑟："他像是《爱丽丝梦游仙境》中的柴郡猫，总是突然消失，然后又突然出现，仿佛从地下弹出来的。"

亚瑟喜欢一成不变的衣着，他最常穿的衣服是一套深蓝色的西服，里面穿一件领子僵硬的白衬衫。他让裁缝给他做一套新衣服，结果拿回来后发现，新做的衣服和旧衣服的颜色、款式一模一样。他的插画充满创意，但他在现实世界里喜欢井然有序，喜欢一成不变。

1905年3月，英国作家詹姆斯·巴利邀请亚瑟为他的小说《肯辛顿花园的彼得·潘》画插图。彼得·潘魅力非凡，他永远都长不大，随心所欲，四处找乐。他会飞，还教其他孩子们飞。他带领小伙伴经历各种旅程，一路上和海盗、印第安人、美人鱼、仙女和野兽成为好朋友。亚瑟的插画令这部原本就很精彩的小说如虎添翼，这本书成为当年热销的圣诞节礼物。亚瑟在肯辛顿花园中获得灵感，为这本书创作了五十五幅插画。如今，在肯辛顿花园，离肯辛顿宫不远的地方，矗立着彼得·潘的雕塑，好像亚瑟依然藏在某个角落里画这个小家伙呢。

画完彼得·潘插图后，亚瑟更是声名远扬。之后，他为十九世纪美国小说家华盛顿·欧文的短篇小说《瑞普·凡·温克尔》画的五十一幅彩色插图再次让他名声大振。这篇小说讲述的是贫苦农民瑞普·凡·温克尔的奇特遭遇。小说乡土风味浓郁，充满浪漫主义奇想，有点儿像是中国的志怪小说，亚瑟充满魔幻的插图太适合这本书了。

亚瑟又为《爱丽丝梦游仙境》创作了插画。亚瑟所画的爱丽丝的原型是英国女孩多瑞丝·多麦特。小女孩后来介绍，画中的棉袜子是她的保姆织的，非常暖和。在一幅《疯狂的茶会》插图中，小女孩坐在亚瑟的大椅子上，亚瑟的瓷器、美食也都是他的插画作品里的道具。记者问亚瑟画中的小女孩真的在扔盘子吗？亚瑟回答，当然没有，因为盘子早就是碎的了——为了画细节，亚瑟早已先把盘子摔碎在地。这系列插画招致了一些争议，因为亚瑟的画风和当时同样声名显赫并在他之前画过爱丽丝的英国插画师约翰·坦尼尔的画风截然不同。当时的媒体对亚瑟的插画的评价十分苛刻。《泰晤士报》认为，亚瑟·拉克姆的幽默生硬而分散，缺乏想象力，但一些读者不以为然，他们认为亚瑟画的爱丽丝生动鲜活，而约翰·坦尼尔画笔下的爱丽丝则像是僵硬的木偶。亚瑟并不想和约翰·坦尼尔争宠，因为毕竟对方是比他大四十七岁的艺术家前辈。当出版商希望亚瑟继续画《爱丽丝梦游仙境》的姊妹篇《爱丽丝镜中奇遇记》时，亚瑟怕再引发更多口水战，委婉地拒绝了。

1909年，三个小朋友一起写信给亚瑟，希望他能为肯尼思·格雷厄姆的童话《柳林风声》画插图，说他们特别想看到鼹鼠和河鼠聚在一起唱颂歌的情景。亚瑟给他们回信，并在信尾画了自画像，他说自己也很喜欢《柳林风声》，若有合适的机会一定会画。

《柳林风声》出版于1908年，是苏格兰小说家肯尼思·格雷厄姆的作品。作者根据童年乡间的生活经历，塑造了恭顺憨厚的鼹鼠、聪明善良的河鼠、老成持重的獾和骄傲鲁莽的蛤蟆，这部作品讲述了它们结伴畅游世界的故事。这本书也是另一位闻名于世的苏格兰作家、《哈利·波特》作者J. K. 罗琳最喜欢的文学作品，在《哈利·波特》中赫奇帕奇学院的象征——獾，就是以这本书中的獾先生为原型的。

1912年和1913年，亚瑟为《伊索寓言》和《鹅妈妈的故事》画插图

《鹅妈妈的故事》插画

时，又把自己画进了作品里。在此之前，他曾经把自己画成《肯辛顿花园的彼得·潘》中那个大鼻子妖怪。此时，在《鹅妈妈的故事》中，他是精灵；在《伊索寓言》中，他是那个抓跳蚤的男人，也是那个高傲的指责溺水男孩的人，更是那个粗暴地给黑色小男孩洗澡的坏主人。亚瑟似乎故意把自己画得凶神恶煞，和现实生活中那个温和的英国绅士大相径庭。

对亚瑟来说，画画像是一种本能，是伴随着旋律在跳舞，只是有时是不得不起舞。四十七岁时，本应是他的事业如日中天的时候，第一次世界大战爆发，图书出版业受到重创，这意味着亚瑟的收入迅速减少。

亚瑟一家的生活日益窘迫，亚瑟在日记中写道："工作很难找，报酬也不怎么样，我一直在创作，但是没有任何劲头。对我来说，这段日子太难熬了，是我生命中最糟糕的日子。"

此时，亚瑟又开始在梦想和面包之间挣扎，为了生存，他只得处处寻找工作机会，比如不挑不拣，为更多不同题材的图书画插图。战争结束后，亚瑟的工作才稍有起色。他带家人离开伦敦，到英国南部的乡下去生活。

二十世纪三十年代，亚瑟花了很多心思为《安徒生童话故事》画插图。为画好这些作品，1931年秋天，他专程去丹麦考察。在哥本哈根，他拜访了一位认识安徒生的女士，这位女士小时候经常藏到桌下，听安徒生给聚集在一起的大人们讲他新写的故事。亚瑟表示他并非用丹麦人的视角画这些插画，而是用一个英国艺术家的视角——在画插画时，他一遍遍回忆小时候读到这些来自异国的童话故事的情景。1932年，亚瑟画的《安徒生童话故事》被英国《观察家报》评选为"年度最优秀的插画书"。

亚瑟虽然没有实现当油画师、水彩画师的愿望，但他在绘画上的成就依然被英国主流艺术圈认可，他被推选为英国艺术工作者协会的主席。

人到暮年，总会尽量弥补人生的遗憾。亚瑟一直没有忘记二十多年前，三位小朋友希望他给《柳林风声》画插画的嘱托，这个愿望终于在他的晚年实现。为了深刻地理解这部作品，亚瑟拜访了《柳林风声》的作者肯尼思·格雷厄姆的遗孀尼思·格雷厄姆夫人，对方毫无保留地向他描述了丈夫写作时的想法。亚瑟从这些温暖的回忆中获得无数的灵感。这也表明，自始至终，亚瑟都在遵循插画创作要忠实于作者、忠实于文字的原则。

1938年秋，亚瑟生病住院，他变得越来越虚弱，无法进食，只能偶尔画画。1939年的一个夏日，亚瑟终于完成了《柳林风声》的最后一幅插画：河鼠坐进船里，等待着鼹鼠上船，它们即将开始一段美妙的旅程。亚瑟的女儿芭芭拉记得，爸爸画这幅画时已经筋疲力尽，但他突然发现还没有给船画上桨。女儿劝爸爸，那只是一个无关紧要的细节，没有桨没事的，但亚瑟坚持要把所有部分画好。他费了很大气力修稿、画稿。画完后，亚瑟躺在床上，说："谢天谢地，这是最后一幅画了。"的确，这也是亚瑟生前的最后一幅作品。

1939年9月6日，还有几天就到七十二岁生日时，亚瑟·拉克姆与世长辞。他完成了他的工作，开始了一段新的旅程。《泰晤士报》发讣告缅怀亚瑟·拉克姆："他是这个时代最重要的插画师，在孩子们的心中有着特殊的地位……他的身上含有某种哥特气质。"

亚瑟去世时，第二次世界大战一触即发，亚瑟再也不用在梦想和面包之间抉择了。奥斯卡·王尔德说："凡是美好的事物，往往背后都有某种悲剧成分。"亚瑟·拉克姆表面上度过了一个近乎完美的人生，然而，人生在世哪有什么完美，只不过是尽量挖掘自己的潜能，做最好的自己。如果可以选择的话，亚瑟大概希望自己能够拥有真正的魔法，他可以用魔法停止战争，让敌人成为好朋友；用魔法消除贫穷，把杂草变成美食；用魔法把树液变成黄油，让世界不再有饥饿。

《暴风雨》插画

Summer

夏

Louis Wain

路易斯·韦恩：

最会画猫的英国男人

路易斯·韦恩

橘猫战战兢兢地坐在樱花树下弹琴，似乎正因忘记乐谱而感到不好意思，一群小鸟围在她的周围看热闹；猫先生们聚在一起打槌球，猫职员在给猫老板加油；一只懒洋洋的大白猫坐在繁花似锦的太阳房里，正享受着退休后的美好生活；猫妈妈带着娃，小心翼翼地躲在花丛里，今天她好像有些不开心。

谁说猫的世界难懂？路易斯·韦恩是那个最懂猫、最会画猫的英国男人。他从二十多岁开始画猫，一画就是一辈子。他把人画成了猫，把猫画成了人，创造了"路易斯风格的猫"。他画笔下的猫有个性、有脾气、有棱角，让人们一下子爱上了猫。他为猫打抱不平，呼吁公众要耐心对待猫，他告诉人们："不要提高嗓音对它们讲话，因为它们会害怕。"

1860年8月5日，路易斯·韦恩出生于伦敦，他的爸爸从事和纺织业有关的工作，妈妈设计地毯，路易斯是家里的老大，他有五个妹妹。很不幸的是，路易斯天生多病，生下来就是兔唇，在医生的建议下，他十岁才开始上学——这样他就不容易被比他年纪小的同学嘲笑欺负。为了遮掩自己的缺陷，路易斯二十岁时开始留胡子，他留了一辈子的络腮胡。

年少时的路易斯不喜欢喧哗的伦敦，他最渴望的事情是到乡下做客。在乡下他可以爬树，特别是冷杉树，他也喜欢找蛇，或者捕捉各种各样的昆虫，捡拾有趣的木头和奇形怪状的石头等。他家里的瓶瓶罐罐经常装满他从乡下带回来的"宝贝"。上学的前几年，路易斯不太爱学习，他最大的乐趣是去听理工科的讲座，他喜欢听永动机和飞机的故事，喜欢船，喜欢逛博物馆，对工厂和机械着迷。年纪稍微大点儿时，他开始对政治感兴趣，开始读报纸，关心时事。他仿佛意识到上学的重要性，突然变成了一个勤奋好学的好学生。1876年，十六岁的路易斯·韦恩成为圣约瑟学院的学生。

路易斯回忆童年时曾说："小时候，我对音乐、绘画、写作和化学都很感兴趣，从某种意义上说，我一生都在接受艺术训练，但我从来没有想过要成为某种形式的艺术家。"如果说是政治让他对学习产生了兴趣的话，那么，一定有一种新的兴趣，即音乐，促使他要坚

《猫一家的音乐会》

持不懈地学习。他第一次知道自己想要做什么，他说："与音乐界人士的接触让我做出决定，把未来的职业生涯奉献给音乐。和蔼可亲的大师们指导我完成了很多工作，我的环境让我有机会创作很多作品，包括一部由合唱、四重奏和二重奏组成的歌剧。"

对音乐的热爱伴随了路易斯的一生。1902年，媒体报道他除了绘画，也从事和音乐有关的工作，曾花很多时间监督卡尔·罗莎的歌剧制作。据说，路易斯还邀请他崇拜的演员亨利·伍德爵士出演歌剧中的角色。遗憾的是，人们根本找不到路易斯创作的任何音乐作品。

路易斯并没有成为音乐家。他自己解释，他在学习音乐的同时开始画画，因为画画是不错的选择，能给他带来收入。路易斯的朋友也告诉他，做画家要比做音乐家容易得多，于是，他接受了这个建议。有两年时间，路易斯"音乐"和"画画"两条路一起走，但最终，他不得不放弃音乐，全身心地画画，这是因为他父亲生病了——路易斯的爸爸威廉·韦恩得了肝硬化，帮妈妈抚养五个妹妹的责任落在了路易斯的身上。靠着家里微薄的存款，一家人省吃俭用。路易斯大学毕业，随后他在那所大学谋得教职。他上班没多久，1880年10月27日，他的父亲威廉·韦恩去世。此时，二十岁的路易斯成为家里唯一的男人。

也许因为性格内向，不太喜欢和人交流，路易斯并不喜欢做老师，他觉得教书只是为了挣钱。他不甘心就此平平淡淡过一生。于是，他拿着自己的作品，拜访了很多出版商，到处投稿。他不停地告诉自己："这是你自己的人生，这是你自己的目标，现在为它奋斗吧！"

1881年，因为他的勤奋和执着，路易斯卖出去一些作品，获得了一定的收入，他得以租下一间没有装修过的房间，并买了桌子和椅子。路易斯把自己关在房间里，开始了孤独的创作。他偶尔会向妈妈要钱，但他逐渐能够自立，可以养活自己了。除了创作，他的另一大喜好是看书，他收集了几百本书，这些书大都是自然科学类读物和艺术类读物。

《花丛中的猫》

《月光下的奏鸣曲》

　　终于，天道酬勤。1881 年的冬天，路易斯的第一幅作品发表在 12 月 10 日的《文体新闻画报》上，那是一幅红腹灰雀停落在灌木丛中的绘图，名为《知更鸟的早餐》。路易斯喜出望外，此时他还在大学任职，借这个机会，他毛遂自荐，希望为《文体新闻画报》工作。结果，他如愿以偿。

　　1884 年 1 月 30 日，路易斯和他妹妹的家庭教师艾米丽结婚。不久，一只叫彼得的猫"闯入"他们的世界，并且，这位小成员改变了路易斯·韦恩的一生。

艾米丽被查出患了乳腺癌。她卧床不起，小猫彼得成为她忠实的伴侣，让空气里的悲伤和压抑烟消云散。每每看到彼得，路易斯都如释重负。路易斯也常常教彼得一些小把戏逗妻子开心，比如让彼得躺下装死，给它戴上眼镜，让它双爪捧起贺年卡等。路易斯表示，这只黑白相间的猫是他见过的最聪明、最乖巧和最温顺的猫。彼得也成了路易斯练笔的模特——他画它照镜子、看窗外、偷喝木桶里的水、玩线团、打哈欠、挠痒痒……

彼得的画栩栩如生，博得亲朋好友的好评。艾米丽建议路易斯把这些画拿给《文体新闻画报》的主编，看是否可以发表，但是路易斯不认为这是个好主意，因为在当时，人们喜欢狗而不喜欢猫。1909年，路易斯这样写道："当我刚开始画猫时，猫是受人歧视的动物，如果哪个男人从事和猫有关的工作，会被认为充满女人气。"画猫只是一种放松和消遣，路易斯得花更多的时间和精力画狗。

然而，不是狗而是猫让路易斯·韦恩一举成名。1886年，路易斯为童书《斑猫夫人的机构》画了插图，这本书讲的是名叫黛安娜的小女孩

《三只唱歌的猫》

《知更鸟的早餐》

被送往"斑猫夫人的机构"学习像猫那样做事的故事。这本书的立意新颖，插图充满童趣，很快被抢购一空。路易斯·韦恩得知这个消息后，马上找到《文体新闻画报》运营部经理威廉·英格拉姆，向他解释关于猫的插图如何受欢迎、如何有市场潜力，并表示自己希望为杂志画有关猫的增刊。结果，这份增刊出版后很快售罄。

成功正在向路易斯招手。谁料世事无常，艾米丽病情加重，不幸离世。此后，小猫彼得成了路易斯唯一的伴侣，直到十一年后，彼得死在路易斯的怀抱里。

路易斯更加努力地画画，心情低落的他可以从画画中获得解脱。不知不觉中，他的画风有了明显的改变，他开始画卡通化的猫：有时把猫画在人的处境里，有时把人画成猫。但路易斯坚持他并没有故意把猫卡通化，他画的就是他看到的，也就是"把人当猫看，或把猫当人看"。他偶尔会拿着速写本，去餐馆或坐在街边画画，画那里的人，结果把他们都画成了猫。在他的作品里，一家子猫正在表演节目，猫爸爸拉小提琴，猫妈妈读诗，两个猫宝宝在唱歌；一群猫娃不听话，对危险警告熟视无睹，去滑野冰，结果有的猫东西撒了一地，有的猫掉进了碎冰里，有的猫正被老爸打；一只病猫去看猫医生，猫医生让他伸出舌头，要看个究竟；猫学生聚在一起朗诵，一个学生无比淘气，写"猫老师是一只大老鼠"，结果猫老师很生气，正好好教训他……路易斯画的不仅仅是猫，而是生活，是人生。

路易斯是左撇子，一般只用左手绘画，他画笔下的猫偶尔也是左撇子，比如猫用左手钓鱼、挖洞、打高尔夫球——做一些非凡的事情，并用右手写东西——做一些日常的事情。他画画很快，四十五秒就可以完成一幅猫图。他从不吝惜自己的才艺，去小卖部或药店买东西时，他经常会主动向对方要纸笔，信手画出一只猫，送给对方。

凡事有利有弊。猫让路易斯出名，也让他自然而然地成为猫的亲善大使，他不得不接受各种各样的流浪猫。据他的邻居描述："他家的猫

《他们来了！》

太多了，屋子里住不下，就在花园里安了家。"路易斯呼吁公众要耐心对待猫："不要提高嗓音对它们讲话，因为它们会害怕。"他的作品和主张逐渐改变了英国人对猫的态度，也让猫越来越有地位。路易斯·韦恩成了家喻户晓的名字。《时间机器》的作者、英国作家赫伯特·乔治·威尔斯评价："在英国，假如有猫长得不像路易斯·韦恩画笔下的猫，那它们应该为此感到羞愧。"

妻子去世后，路易斯搬回家住，继续承担养家糊口的责任。路易斯不擅长讨价还价，也没有做生意的头脑。他画作的版权早已被精明的出版商垄断，当他带着新创作的作品找到出版商时，却被告知，类似的产品已经滞销。没有人需要他的新作，路易斯穷困潦倒。此时，路易斯的小妹妹又得了精神病，雪上加霜的是，1907年的夏天，路易斯输了一场官司，他几乎无路可走。从未出过国，快五十岁的他突然决定去美国——纽约的一家杂志社邀请他过去工作，这是他最后的救命稻草。

1907年10月12日，路易斯坐上了去美国的船，原计划只在那里待几个月，却待了两年。路易斯一度以为在美国找到了新的事业，美国的报纸称他是"世界上最棒的画猫的插画师""人类朋友的描绘者"，并大篇幅宣传他的观点："英国插画师认为，猫是世界上最聪明的动物，是人类的朋友！当主人很安静时，猫会乖乖地趴在主人的旁边；当主人兴奋时，猫会认为和它玩乐的时间到了；当主人发怒时，猫会藏到沙发后或角落里。"

　　但是不久，在了解了猫在美国的处境后，路易斯开始为在这里生活的猫打抱不平："我发现纽约的猫大都住在地下室里，住在楼梯下阴暗的小房间里，住在杂乱的仓库车间里，它们的周围是噪声和垃圾，它们的脾气暴躁、野蛮，它们和人疏远，一点儿不像英国猫那样养尊处优。猫的可塑性比狗强，但需要受到有钱有闲，或者有社会地位的先生、女士的照顾。"路易斯的言论招致美国主流媒体的不满，认为他以猫揶揄美国社会对外来移民的怠慢。处处受攻击、被误会，路易斯在美国过得越来越不开心，他决定回家。

《看我刚买的这块布如何？》

《好孩子》

　　不能空手而归——路易斯对美国的新发明很感兴趣，他发现一种独特的发白光的灯，他想这类产品在英国一定有市场。路易斯用自己的全部积蓄购买了这类灯在英国市场的专利权，结果，这类灯在英国根本卖不出去。

　　1910年大概是路易斯生命中最困难的一年。这一年，他的母亲去世，载着他设计的瓷猫的船在驶往美国的途中被鱼雷击沉，他所有的财富随之沉入大海。这一年秋天，路易斯还莫名其妙地从公交车上摔了下来，昏迷了好几天。有记者如此描述这次事故：公交车行驶中，一只小猫突然跑来，司机紧急刹车，导致事故发生。路易斯醒来的第一句话却是在问小猫怎么样了。

　　路易斯还未完全恢复健康，第一次世界大战爆发，纸张严重匮乏，市面上出版的书越来越少，没人再邀请路易斯画画。路易斯穷得几乎连水电费都交不起，他不得不画一些画送给来讨债的人，以示歉意。

路易斯·韦恩并没有一蹶不振。他和电影人武德合作制作卡通电影。武德觉得路易斯画画快，并且希望能够靠他的名气吸引票房。路易斯答应了，但是要画十六幅单图才能填满一秒钟电影片段，巨大的工作量把他压得喘不过气来。经过无数天疲惫的工作后，卡通电影《蹑手蹑脚的猫咪》诞生了，这是世界上第一部以猫为主人公的卡通电影。

1920年，一位好心的出版商很同情路易斯·韦恩的处境，出版了四本由路易斯主笔并绘制插画的乡村童话，希望能够帮他东山再起。这套书类似毕翠克丝·波特画的《小兔彼得的故事》，充满田园气息。1922年，这位出版商又出版了路易斯创作的《一只叫查理的猫》，这只猫诙谐有趣，像是查理·卓别林。然而，路易斯的这些尝试都不是很成功。

路易斯的心情越来越糟糕。他在给朋友的信中写道："我正深陷困境，但是再过两周，我就会好转，我正在通往成功的路上。"此时，路易斯已经六十二岁。不幸的是，这样的臆想似乎表明，路易斯的精神开始不正常。医生诊断他得了精神病，并把他送进米德尔塞克斯精神病院。

米德尔塞克斯精神病院的条件很差，路易斯毫不在乎，他大多数时间都在埋头画画。在精神病院住了几年，路易斯的病情没有任何好转。一

《戴单片眼镜的猫》

次偶然的探访，出版商丹·赖德认出了路易斯·韦恩。他颇为惊讶，一位有名望的艺术家怎么会落魄成这个样子？在他的号召下，路易斯·韦恩基金会成立。《每日写真报》举办了"路易斯·韦恩比赛"，每天刊登读者的插画作品，为路易斯筹款。当时的英国首相拉姆齐·麦克唐纳也很关注路易斯的状况，安排他转院到贝特莱姆皇家医院。

《好奇的猫》

在皇家医院，路易斯的病情大有好转。此时，路易斯像往常一样不吝纸笔，谁找他画画，他都给画。1939年7月4日，路易斯·韦恩因肾衰竭去世。再过一个月，就是他七十九岁的生日。

路易斯画的猫通常有一双大眼睛，眼神中带着忧郁，也带着坚强，这大概是路易斯在隐隐埋怨自己天生的缺陷，埋怨命运早早夺走妻子的生命，埋怨战争令他的事业跌宕起伏，然而，贫穷、战争、疾病都不能让他妥协。路易斯年轻时就将要做一名艺术家的种子埋于心底，之后所有的努力和坚持都让他向梦想一步步靠近——他终于成为英国最会画猫的男人。

Edward Lear

爱德华·李尔:

给维多利亚女王上美术课的幽默诗人

爱德华·李尔

　　从山城圣雷莫到温暖的斯里兰卡，爱德华·李尔一生都在旅行。对他而言，旅行是逃避，也是寻找。爱德华从六七岁患癫痫病，最厉害时一个月发作十八次。他选择旅行，不仅仅是寻找可以绘画的对象，也是寻找自己。生活不该被病魔所吞噬，除了病痛，这个世界还充满美丽和奇迹。

　　《胡诌诗集》让爱德华闻名于世，这本书有好几个版本的中文译本。语言学家吕叔湘将其译为《谐趣诗集》，作家施蛰存将其译成《无意思之书》，刘新民教授译其为《荒诞书》，陆谷孙将它翻译成《胡诌诗集》，也有人将其翻译成《荒唐诗集》。书中的诗歌随意吟来，插画信手画来，令人捧腹。

　　爱德华的后半生忙于为英国桂冠诗人丁尼生的诗作配画，他一定是被对方诗歌中从容、亦真亦幻的意境所打动，他把自己比作丁尼生诗歌中的水手伊诺克·阿登，认为自己会像伊诺克那样流落海岛，孤寂而终。

1832年的一天，斯坦利勋爵站在伦敦的动物园里，注视着一位年轻人画笼子里的鹦鹉。这位年轻人个子很高，有点儿驼背，大概因为眼睛高度近视，他不得不使劲弯腰看东西。他容貌一般，鼻子有点难看，但是眼睛里闪烁着光芒，并且总是面带微笑。这位年轻人就是刚满二十岁的画家爱德华·李尔。

　　斯坦利勋爵钟爱大自然，已经投入大笔钱把自家庄园打造成一座动物园。他一直希望能出版一本图文并茂的书，将自己的动物分门别类记录下来，并向大家炫耀。在大英博物馆格雷博士的引荐下，他认识了爱德华·李尔。此时，爱德华·李尔刚出版《鹦鹉画册》不久，这本书让他一举成名。斯坦利勋爵对爱德华的画技赞不绝口，邀请对方为他画画。

　　当大多数孩子偎依在父母身边时，爱德华从姐姐那里获得了所有的家庭温暖。爱德华出生于1812年5月12日，和狄更斯同一年出生，出生地是伦敦北部一座比较繁华的小镇霍洛韦。爸爸是股票商，也从事炼糖生意。爱德华排行

《意大利的吉尔真蒂镇》

《冠顶鹤》

第十二，有二十个兄弟姐妹，但是这二十一个孩子中有十个夭折。爱德华四岁时，爸爸破产，妈妈没有能力养这么多孩子，就把爱德华托付给他的姐姐安娜抚养，当时，安娜每年都有一笔不菲的遗产收入。二十一岁的安娜像妈妈一样照顾弟弟，这种爱滋养了爱德华的一生。安娜一辈子未婚，后来经常陪爱德华旅行。安娜去世时，爱德华悲痛欲绝，对朋友说："我不知道该怎么办，孤独至极。"

如果没有安娜的悉心照顾，很难想象爱德华·李尔的命运，因为他从小身体虚弱，患有支气管炎和哮喘，更可怕的是，从六七岁开始，他就受到癫痫病的折磨，严重时一个月发作十八次。爱德华为此感到焦虑不安，从来不向人说起他的病，甚至害怕提及"癫痫"这个词，在日记里称这个可怕的病为"魔鬼"。抑郁症也不放过他，他回忆："大概是1819年，爸爸带我到乡下看杂技表演，音乐很好听，我很开心，但是演出结束后，那些小把戏停止了，我哭了大半天。"因为这些难言之隐，爱德华不能像其他正常的孩子那样去学校上学，他所有的教育都来自姐姐安娜，来自他看的书。他喜欢现代诗，爱上了拜伦，如饥似渴地看自然史的书，并深爱上画画。爱德华的爸爸收藏了很多名家画作，这些画作无时无刻不在影响爱德华，吸引他投身绘画。

大概从十一岁开始，爱德华经常去姐姐莎拉位于阿伦德尔的

《金刚鹦鹉》

97

《眼镜鹩》

新家，并喜欢上萨塞克斯的自然风光，还在这里结交了很多朋友。那时候，他有种奇特的本领——靠着敏锐的观察力和异想天开的模仿，总能逗得人哈哈大笑。爱德华在萨塞克斯最大的收获是认识了埃格雷蒙特伯爵，伯爵的家离阿伦德尔约有二十公里远，家里挂满了名贵的油画。毫无疑问，爱德华从这一天起就开始崇拜威廉·透纳，立志成为风景画师。

画画是某些人的爱好，对于爱德华而言，却成为一种生存的手段。爱德华十六岁时就决定靠画画为生，"就是为了面包和奶酪"。他在朋友的小店里出售自己的画作，价格从九便士到四先令不等。他也给别人的画作涂色，给扇子涂色，还帮医院画过病菌图。后来，经朋友介绍，爱德华获得了一份动物协会的工作，并获得了到新开的动物园画鹦鹉的许可。他决定使用石板印刷，而不是当时盛行的木版画方式进行创作。对众多年轻艺术家而言，这都是一个颇具挑战的项目，但爱德华成功完成了这个项目。

他的《鹦鹉画册》博得艺术爱好者的好评。这本画册根据订阅者的数量限量出版，总共印制了一百七十五册，之后所有的印版被立刻销毁。爱德华解释这样做的原因："为了获得更多的订购者。而且，保存这些印版需要很多钱，我甚至连支付每月的开支都有困难。"正是因为限量出版，同时这本画册不仅是第一本关于某一类动物的画册，而且其中的画作是画家第一次比照活鸟而非标本绘制，所以《鹦鹉画册》显得尤其珍贵。由于画鸟出名，爱德华被引荐给斯坦利勋爵，并受邀到勋爵家里画他私人动物园里的动物，这一画就是四年。

尽管寄人篱下，但是这四年是爱德华过得最平静的四年。他专心画画，不必担心吃住，不必担心账单，同时，他时常返回伦敦，看望安娜，并帮助著名的英国鸟类学家约翰·古尔德画插画。爱德华的成名作《胡诌诗集》也是在这期间完成的。最初，爱德华被当成工匠对待，他和仆人们共进晚餐。后来，斯坦利勋爵的爸爸、八十多岁的老德比伯爵注意到家里的客人总爱往厨房那边跑。原来，客人们争先恐后地去找爱德华聊天画画——老德比伯爵很快将这位画幽默画逗大家乐的活宝视为座上宾，爱德华得以和有权势的人共进晚餐，可以和他们海阔天空地胡侃。有一次，一位客人向爱德华推荐了1822年出版的插图韵律诗歌集《十五个绅士的轶事和冒险》，这本书让爱德华眼前一亮，觉得自己异想天开的创作一定不会比对方差。他开始天马行空地想象，为老德比伯爵家的小孩子们画有趣的画，写押韵的诗，这些怪诞的诗和画不仅逗小朋友们开心，也很受大人们的喜欢。这些诗画也让爱德华获得暂时的解脱，他用这些制造出来的滑稽和快乐来对付他的癫痫病和抑郁症。

十二年后的1846年，爱德华将这些诗画结集出版为《胡诌诗集》。大概想和读者卖卖关子，他没有署自己的名字，而是署名"Derry down Derry, who loved to see little folks merry"。后来，这本书炙手可热，关于作者是谁的争论也纷纷扬扬，有人干脆认为它是斯坦利勋爵本人的作品。爱德华不甘心成为幕后英雄，1861年，他用自己的真名出版了一个大开本的同名诗集。爱德华在世期间，这本书再版了三十多次。因为这本书的热销，1872年，爱德华又出版了《更多胡诌的诗集》。

在当时的社会背景下，无处不在的条条框框限制、压抑了人们的本

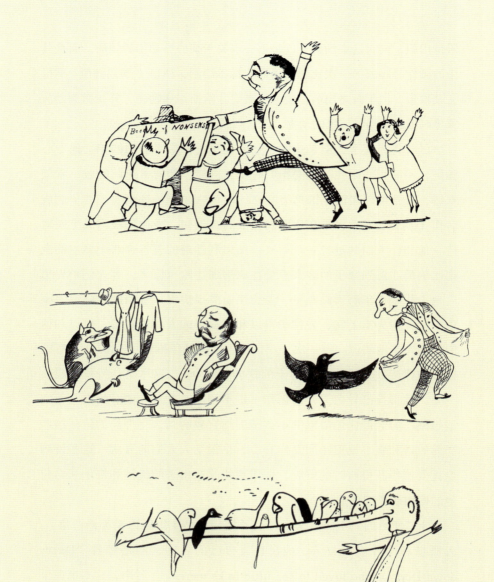

《胡诌诗集》中的插画

《奥林匹亚宙斯神庙》

能和快乐。比如，女孩子被要求行为文雅，除了跳舞，不可以随便扭动自己的身体。在《胡诌诗集》中，爱德华创造了一个彻底自由的世界，在这个世界里，成年人也可以做一些很愚蠢、在现实生活中绝对不会做的事情：他们会跳得很高，会飞跃，会旋转；他们演奏原始的乐器，咯咯大笑着起舞；他们戴着帽子，戴着假发，大块朵颐……这些令人捧腹大笑的诗和画将人的本性真实地展现出来。人原本就有很多缺点，会犯错，孩子们不需要因此受谴责，最重要的是，要让他们自己看清楚好坏，辨清是非。

英国艺术评论家约翰·罗斯金在所列的《最佳作家一百人名录》中，将爱德华·李尔列在第一，并特别推荐了《胡诌诗集》这本书。美国心理学教授鲍里斯·席德斯评价爱德华·李尔的作品："在嬉笑和幽默中，我们的一本正经和生活的沉重都释然了……我们成了自由人，我们呼吸着自由的空气并放松，这使我们拥有无穷尽的能量。"中国新感觉派作家施蛰存评价这本书："并不想在这些诗歌故事中暗示什么意思。他只要引得天真的小读者随着流水一般的节律悠然神往，他并不训诲他

《从橄榄山上看耶路撒冷》

们，也不指导他们。这种超乎狭隘的现实的创造，本来不仅在儿童文学中占了很高的地位，就是在成人的文学中，也有着特殊的价值。"

《胡诌诗集》不仅带给爱德华名誉，也带给他物质上的保障，然而，这些不足以让他放弃成为一名风景画师的梦想，他从没有停止外出旅行画风景。爱尔兰的威克洛山区之行和英国的湖区之行令爱德华灵感大发——这两次旅行还影响了他的创作。之前画鸟画动物，他喜欢画很多细节，结果导致眼睛很累，视力越来越差，而画水彩画对眼睛的压力就相对小些。但是不久，因为哮喘复发，爱德华再也无法容忍潮湿阴冷的英国，决定到温暖的罗马去画画。斯坦利勋爵赞助了他的路费。

1837年初，爱德华出发了，这是他第一次长途旅行，他慢慢悠悠，边游边画，一点儿都不着急到达目的地。他游览了巴伐利亚、卢森堡、米兰和佛罗伦萨，直到十一月才到罗马。爱德华一下子就爱上了罗马，这里的食物、景色和人都令他感到新奇而兴奋。他在这里认识了很多艺术家朋友，并靠教当地的英国居民绘画为生。他写信给姐姐安娜：
"我终于享受到真正的自由！"之后的十年时间，除了两次因公务返回
英国，爱德华一直住在罗马。在这十年时间里，他也没有停下脚步，
而是以罗马为根据地到处旅行。他到达了西西里岛、那不勒斯岛、伊
奥尼亚群岛、佩特拉岛、科西嘉岛等地，足迹远至希腊、阿尔巴尼亚
和埃及等国家。同时，爱德华集中精力画水彩画，几乎所有时间都在
室外写生。他认为："艺术生涯的魅力在于整日室外工作的快乐，那些
元素，包括树木和云，那份静谧，和我在一起，或者我和它们在一起，
超过我和人类相处的时间。"爱德华两次返回英国是为了出版自己的画
册《罗马及其周围的风景》和《意大利旅行图册》，后一本画册还引
起了英国维多利亚女王的注意。女王邀请爱德华给她上了十二节美术
课，爱德华因此名声大噪。

　　1849年，由于意大利局势动荡，爱德华不得不返回故土。在回英国
之前，他又给自己安排了一次长途之旅，他去了马耳他、土耳其、阿尔

《黎巴嫩的山》

巴尼亚、印度和西奈半岛等地。回到英国，爱德华还做出一个令人瞠目结舌的决定——到英国皇家艺术学院学习绘画，女王的绘画老师重新成了学画画的学生！因为之前爱德华画画全靠自学，虽然已经是很成功的水彩画家，但他很清楚自己的弱项——驾驭不了油画，画不好人物肖像，而画不好人物肖像就意味着他不能算是优秀的艺术家。在伦敦学画期间，爱德华遇到了人生中的第二位伯乐——拉斐尔前派的代表人物威廉·霍尔曼·亨特。亨特给了爱德华很多建议，比如他发现爱德华很少运用光和阴影，就直言相告："你再这样画下去，是画不了油画的！"拉斐尔前派的座右铭是"回到自然"，威廉·霍尔曼·亨特建议爱德华和他去黑斯廷斯写生。他们一起旅行，一起画画，是师生，也是好朋友。尽管亨特比爱德华小十五岁，但爱德华把他当成自己的老师，甚至还开玩笑地称呼他为"爸爸"。

《普纳布》

《希腊的莱昂达里镇》

　　如果说亨特是爱德华的伯乐、老师，那桂冠诗人丁尼生就是爱德华的知音。在没有见到丁尼生之前，爱德华早已沉醉于丁尼生的诗文。丁尼生的诗文深受中国老子的影响，他根据老子的生平创作了长诗《先贤》。他的诗文淡泊宁静，像是一幅幅优美的图画。爱德华一直都有为丁尼生的诗歌配图的想法。1851年，爱德华终于见到了比自己大三岁的丁尼生，并送给对方自己创作的《阿尔巴尼亚的山水画册》。他们成了无话不谈的朋友，爱德华还经常去丁尼生位于怀特岛的家中做客。为丁尼生的诗歌配图，爱德华再合适不过，因为没有人比他更了解丁尼生。在爱德华看来，这不是简单地配图，而是产生同感，或者表现共鸣的过程。在之后的三十五年时间里，爱德华一直做这个项目。他计划画一百二十四幅插画，结果画了二百多幅。爱德华对丁尼生的崇拜和喜爱是发自内心的，他常常把自己比作丁尼生诗歌中的水手伊诺克·阿登，认为总有一天自己会流落孤岛，孤寂而终。他还为丁尼生的诗文谱曲，边弹边唱，在餐后兴致盎然地为大家演奏。他充满激情的表演常常令听众潸然泪下。除此之外，他还把自己的房子命名为"丁尼生别墅"。

因为英国的坏天气，爱德华不得不经常离开伦敦，到温暖的地方去。他总是在旅行，总是缺席圈里的聚会，于是逐渐被人们疏远和遗忘。而且，爱德华的自以为是也遭到同行的厌恶——1861年，当爱德华听说拉斐尔前派的代表艺术家约翰·米莱斯的画作《春天》卖了四百五十畿尼（英国金币的名称）时，他夸下海口，说自己的作品《黎巴嫩的雪松》能卖这个价格的两倍。结果，六年后爱德华的这幅作品才卖出去，而且只卖了二百畿尼。关于他的绯闻也愈演愈烈，圈内传言：爱德华·李尔受了朋友的关照才出名，他所有的作品都是给他认识的有钱人画的，对于公众而言，他一文不值。这些评论令爱德华一蹶不振。他的好朋友斯坦利勋爵写信安慰他："在这个世界上，成功的定义各不相同。你已经备受

《印度阿格拉》

贫困的折磨。一位总是求助于朋友购买他的作品，并且需要提前付款的艺术家，可能会令外人认为他不擅长绘画，而你显然不是这样的。"

不知道从何时开始，爱德华已经离不开旅行了，旅行成为他散心的唯一方式。也只有在遥远、陌生的异国他乡，他才能找到暂时的安宁。他会去人们经常去的地方，比如雅典和耶路撒冷，也会去很少有人去的地方。他喜欢慢慢地走，无目的地闲逛。他在旅行中多用铅笔绘图并添加详细的注解，比如要画的色彩、内容等，然后带回工作室继续创作。他尤其喜欢充满色彩的国度，比如埃及，他认为埃及是最适合学习水彩画的地方。旅途中，他会写日记，描述所见的风景，记载旅途中的经历。他在日记中"实话实写"，写他遇到很粗鲁的主人，写他特别不喜欢阿索斯山上的和尚，也提到自己又犯了癫痫病……因为健康原因，他一天最多画三幅画，每幅画都注明画画的日期，甚至精确到小时。有时，他会把自己画在海边的岩石上，或者画一个女神从海面上升起。

路易斯给朋友写的信，信中画着他住的小镇

路易斯给朋友写的信

旅途中，除了画画，爱德华最爱做的事情是给亲朋好友们写信。他每天会花好几个小时写信，通常在早餐前写，有时候一天会写三十多封信。这些信流露出他的幽默、智慧、坦率和内敛，当然，也有他的孤独。所有收到信件的朋友都愿意继续和他保持通信联系。不过，有时写信也会成为爱德华的负担。爱德华在晚年的信件中提到，他保存了来自四百四十多个朋友的信件。他甚至开玩笑："自从信件被发明后，所有会写信的人都给我写过信，当然也有几个例外，比如苏格兰的玛丽女王。"

从伦敦到欧洲其他国家的旅程越来越让爱德华吃不消，他先在法国夏纳过了一段时间，然后搬到意大利的海港城市圣雷莫。他过上了半隐居的生活，画画、教课、卖画、和朋友聚会，日子很悠闲。养尊处优的日子让他变成了大胖子，他更不适合旅行了。但是在六十多岁的时候，他又禁不住远方的诱惑了。布鲁克勋爵是爱德华的老朋友，他去印度出公差，邀请爱德华一起去。印度之行是爱德华一生中最长的旅行，他参观了泰姬陵，到达德里，去了喜马拉雅山。在旅行十五个月后，他们到达了锡兰（现在的斯里兰卡），这时爱德华感到很累，哪里都不想去了。

1888年，爱德华在意大利圣雷莫去世。他在这个小城生活了十八年，如他预言的，他就像是丁尼生诗歌中的水手伊诺克·阿登，流落他乡，孤寂而终。爱德华·李尔一辈子未婚，陪伴他度过晚年的是一名阿尔巴尼亚仆人和一只叫福丝的猫。

爱德华用画笔和幽默诗同病魔抗争，他忍受孤独，漂泊于异国他乡，并最终在流浪中找到了自我。天生的缺陷注定了爱德华的与众不同，但他并没有向病魔低头，坚强的意志让他的生命之花绽放得更加璀璨。

Aubrey Beardsley

奥伯利·比亚兹莱：

黑白的唯美与荒诞

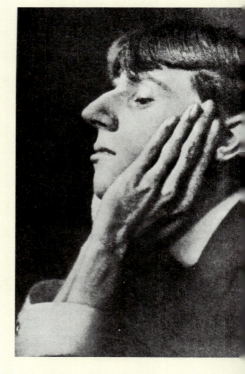

奥伯利·比亚兹莱

奥伯利·比亚兹莱去世时只有二十五岁。他七岁时被诊断出患有肺结核，死亡如影相随，他无时无刻不在与病魔抗争。他家境贫寒，一毕业就在测量局工作，但他从未放弃自己的梦想，在之后的五年时间里，他创作的画作让他名垂史册。他接受的艺术教育很有限，但他的作品精美细腻，独具一格。他用难以捉摸的笔调来表现脑海中奇幻的意念，他只用黑白两色，就展现出时而高傲冷艳，时而荒唐滑稽，时而甜蜜浪漫的世界。

他的作品里充斥着恐慌和反叛，他努力在自己残缺的生命里展现饱满的世界，他所展现的似乎是一个空灵的世界，也是一个被他的记忆、渴望加工、修饰过的世界。

1872 年 8 月 21 日，奥伯利·比亚兹莱在位于英国南部海边小镇布莱顿的外祖父家出生，他有一个比他大一岁的姐姐，妈妈艾伦·比亚兹莱受过良好的教育。有人推测，奥伯利画笔下的那位高贵而苗条的演员帕特里克·坎贝尔夫人就是根据他妈妈的形象画的。

奥伯利的爸爸文森特·比亚兹莱患有肺结核，大多数时间没法工作。全家人先是靠着继承的财产度日，不久便坐吃山空，妈妈不得不做家庭教师，通过教小朋友们法语和钢琴补贴家用。他们没有自己的房产，只能借住在亲戚家，有时候穷到妈妈一天的全部食物就只有一个面包和一杯牛奶。尽管经济拮据，妈妈却从未忽视对孩子们的艺术教育，亲自教儿子音乐。奥伯利在很小的时候就显露出在音乐方面的天赋，他还不会走路时，就能够爬到钢琴附近，一边听妈妈弹奏贝多芬的《月光奏鸣曲》，一边有节奏地打拍子。他五六岁时，便能够熟练地弹奏肖邦的乐曲。妈妈觉得儿子将来一定会成为音乐家。为了让孩子们能多见见世面，妈妈经常送他们到有钱的朋友家去玩，让他们跟富人家的小朋友一起，在大房子里弹琴、唱歌。

因为妈妈要工作，无暇照顾孩子，年幼的奥伯利被送进寄宿学校，学费是孩子的外祖父资助的。早慧又寄人篱下，奥伯利很小就懂得了人情世故。1878 年，六岁的他写信给妈妈："亲爱的妈妈，我希望你一切都好。我还不错，这里的男孩子不欺负我，我的作业也不多。我经常去操场玩，我很开心。"不久，他又写信告诉妈妈他每天都有布丁吃。他还邮寄自制的祝福卡给

《自画像》

奥伯利童年画的"格林纳威风格"的小孩

奥伯利上寄宿学校时的作品

不善言辞的爸爸，上面写着"爱"。不幸的是，奥伯利七岁时被诊断出患有肺结核——很可能是从爸爸那里遗传而来。在剩余的时间里，奥伯利一直生活在病情可能会恶化的恐惧之中。在给朋友的信件中，妈妈哀伤地形容儿子"像是脆弱的瓷器"。

与此同时，妈妈特别希望儿子能在音乐方面有所造诣。但大概由于天生叛逆，奥伯利在寄宿学校学习期间，放弃了对音乐的学习，转而学习绘画。奥伯利八岁时就能靠画画挣钱了。他照着英国插画师凯特·格林纳威的插图，帮妈妈的朋友亨丽·埃塔佩勒姆太太画菜单和婚礼晚餐标志牌，在六周时间里挣了三十英镑。在当时，这笔钱差不多是普通人家一个月的生活费。

埃塔佩勒姆太太很慷慨，除了支付奥伯利画画的酬金，还资助了他的学业。这些画作也成为奥伯利为数不多的非原创作品。童年时期的奥伯利非常喜欢画"格林纳威风格"的小孩，这也难怪，他喜欢玩具，单纯善良，妈妈觉得他永远都不会长大。埃塔佩勒姆太太保留了奥伯利写给她的信，奥伯利在信中写道："我经常凭想象画画，但画人物时，我总会把四肢画得很僵硬、不协调，只有临摹才能画好。"奥伯利还在信中表示，他愿意为埃塔佩勒姆太太画更多的画。

奥伯利一天天长大，愈加懂事。妈妈的健康状况却每况愈下，她还要照顾孩子们的爸爸，直到有一天，她再也没有能力照顾两个孩子。奥伯利和姐姐被送到姑奶奶拉姆夫人家。自此，姐弟俩的处境像极了狄更斯小说里命运悲惨、饱受折磨的小主人公——他们天亮就得起床，天黑就要上床睡觉。他们没有玩具，只有一本破旧的《英国简史》，但这本乏味的书却启迪奥伯利发挥天马行空的想象，写下《西班牙无敌舰队史》。外祖父了解到孩子们的处境后，实在看不下去了，便资助十二岁的奥伯利去布莱顿语法学校上学。

在孩提时代，一个孩子遇到好老师，是其一生的幸运，这位老师甚至会决定这个孩子的命运。在布莱顿语法学校，奥伯利遇到了人生中的

第一位好老师——校监亚瑟·金。这位老师很欣赏奥伯利的才华，将他的绘画作品发表在校刊上。亚瑟·金本人很喜欢舞台剧，奥伯利也积极参与，几乎每周都参与表演活动，还为学校设计年终演出的节目单和舞台戏装。在亚瑟·金的影响下，奥伯利对舞台剧表演的钟爱甚至超过了音乐和画画。他和姐姐还经常在亲朋好友面前表演，而且是那种筹备很久、很认真的表演。奥伯利的姐姐后来成为一名演员，如果弟弟足够强壮的话，他也很可能选择去做演员。总而言之，布莱顿语法学校为奥伯利提供了人生中最主要的美学教育，为他成为一个多才多艺的艺术家打下了基础。

十六岁的奥伯利从语法学校毕业后，不得不开始工作。他打算做点有意义的事情，却没有想好什么才是有意义的事情，但首先要养活自己。奥伯利最先在伦敦的测量局做职员，一年后又到保险公司工作。对他来说，这两份工作都无聊透顶。他不甘心过朝九晚五、庸庸碌碌的生活，一有空闲，就回母校帮亚瑟·金编排戏剧、设计戏装，同时，奥伯利和姐姐也积极参与伦敦的各类戏剧表演。对于热爱画画的奥伯利来说，剧院的歌手、演员、看戏的观众等，都成为他创作的素材。

奥伯利也开始在面包和理想之间挣扎。他写信给亚瑟·金："我上周去看了《麦克白》，很开心……新年后，我就开始上班了，不是不喜欢，而是我的工作好像并不能让我很投入。"这段时期，奥伯利的肺结核日益加重，他不得不停止工作在家休养。也正是在"病假"期间，奥伯利真正的职业生涯开始了。1890年1月4日，《花边杂志》发表了奥伯利的作品《告白的故事》，不过，这是一篇文字稿，而不是画作。这段时间，奥伯利更频繁地给亚瑟·金写信，向他汇报自己已经可以无障碍地阅读法语，并且"无法忘记画画，越来越想画画"。

绘画才是奥伯利·比亚兹莱真正想做的事情。1891年夏天，十九岁的奥伯利和姐姐慕名拜访了五十八岁的爱德华·伯恩-琼斯。奥伯利将自己的习作拿给伯恩-琼斯看，希望获得他的指导和建议。伯恩-琼斯的评价爽朗而干脆，他说："所有的作品都充满了思想，富有诗意和想象力，你很有天赋并一定可以成为伟大的艺术家。我很少或从未建议过任何人将艺术作为他们的职业，但是你除外。"当时，伯恩-琼斯的客人还包括奥斯卡·王尔德和他的妻子康斯坦斯·王尔德。奥伯利写信给亚瑟·金，告诉他："我们和王尔德夫妇一起回来的——他们真是充满魅力的夫妇。"

更令奥伯利感激不尽的是，没过几天，爱德华·伯恩-琼斯就给他写来一封长达四页纸的信，提出一些具体的绘画建议。前辈的鼓励

奥伯利设计的高尔夫球卡片图

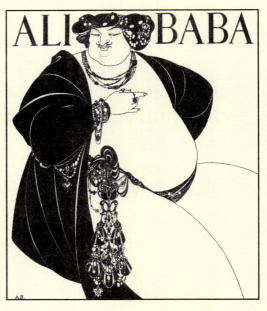

《阿里巴巴和四十大盗》插画

奥伯利为卢西安的《真实历史》画的插画

奥伯利受丢勒影响，为挪威文学作品画的插画

让奥伯利下定决心全力画画。爱德华·伯恩－琼斯也成为奥伯利生命中的重要人物。不知是巧合还是注定，后来两人在同一年去世。伯恩－琼斯建议奥伯利去艺术学院进修。考虑到白天要继续上班，奥伯利选择了威斯敏斯特大学艺术学院的夜校课程，当时这所学院的负责人是英国画家弗雷德里克·布朗。像往常一样，奥伯利写信告诉亚瑟·金："布朗先生极其聪明。"

从1891年到1892年，奥伯利在此学习了整整一年，这也是他接受的唯一较正式的艺术课程。奥伯利白天上班，晚上学画，中午吃饭的间隙，他会去保险公司附近的书店看书，并

很快和这家书店的老板弗雷德里克·埃文斯成为好友。奥伯利提出用自己的画作交换书店里的书。在看过对方的作品后，埃文斯欣然允可。书店老板把奥伯利的画作摆放在书店的橱窗里，吸引过往的顾客。

1892年的一天，出版商约翰·登特在书店和埃文斯闲谈，他打算再版托马斯·马洛里的散文名著《亚瑟王之死》，却苦于找不到合适的插画师。与以往出版物不同的是，这次印刷不再采用当时印刷界常用的雕版印刷，而使用印版印刷，这样可以大幅度降低印刷成本，扩大印量。两人正谈着，奥伯利恰好步入这家书店，埃文斯把他介绍给约翰·登特，并推荐他来画插图。简直是天赐良机，约翰·登特对奥伯利画的样稿很满意，

奥伯利设计的海报

《黑猫》插画

119

决定让他来画《亚瑟王之死》中所有的插图。

机会总是留给有准备的人。此时，奥伯利·比亚兹莱已经逐渐形成了自己的绘画风格。他受爱德华·伯恩－琼斯的影响最大，尤其喜欢爱德华·伯恩－琼斯的画作所营造的梦幻和浪漫气息。他最喜欢的爱德华·伯恩－琼斯的作品是那幅《国王可菲丢阿和讨饭女》。奥伯利的早期油画作品《追随父亲鬼影的哈姆雷特》，画中主人公哈姆雷特深陷于险恶的森林，脸色憔悴，恐慌不安，作品中的人物和环境设置，明显仿效了爱德华·伯恩－琼斯作品的风格。意大利画家安德烈亚·曼特尼亚也带给奥伯利很多灵感。奥伯利曾经建议朋友和他一起去参观伦敦郊区的汉普顿宫："曼特尼亚的杰作《凯撒的胜利》就在那里，观看这幅作品本身就是一种学习和培训。"奥伯利还被印象派画师詹姆斯·惠斯勒的画所吸引，他曾经在一位收藏家朋友那里看过惠斯勒的原作——一组带有日本风格的装饰作品《孔雀厅》和油画《来自陶瓷国家的公主》。奥伯利评价这些作品"人物非常优美，画得十分细腻"。他同时钟爱爱德华·伯恩－琼斯的老师、英国拉斐尔前派画家但丁·加百列·罗塞蒂的作品。罗塞蒂的作品通常从意大利诗人但丁那里获得灵感，描绘中世纪的梦境，奥伯利评价他的作品"太伟大了"。除了从大师的杰作中获得养料，奥伯利还经常到大英博物馆临摹古希腊瓶画。

奥伯利·比亚兹莱用十八个月完成了《亚瑟王之死》的三百多幅插图，在这些作品中，他摒弃了一些具有中世纪画作风格的元素，添加了一些幽默和幻想的成分。

在奥伯利的画笔下，他所接触的所有东西都被他消化吸收变成他想象中的东西。谈到他画的《蝉夫人的生日》，奥伯利表示："这是我创造的一个新的世界。"这个世界里有妖媚的女子，有怪异的侍从，有一脸茫然的长者，有苍白的老妪，有目中无人的贵妇——他的作品本身就在讲故事。

后来，书店老板约翰·登特又引荐奥伯利认识了即将创办艺术杂志《工作室》的主编刘易斯·海因。刘易斯·海因对奥伯利的作品爱不释手，在杂志创刊号上发表了他的作品，并邀请美国作家彭内尔撰写文章进行推介。奥伯利·比亚兹莱迅速走红。

此时，奥伯利和奥斯卡·王尔德的交往也多起来。1893 年 3 月的某一天，王尔德把自己创作的《莎乐美》寄给奥伯利，并写道："给奥伯利·比亚兹莱，你是除我之外，唯一懂得七重纱之舞的含义并能看得到无形的舞蹈的艺术家。"显然，王尔德很欣赏奥伯利，他从对方的

奥伯利受爱德华·伯恩-琼斯画风影响，绘制的《亚瑟王之死》插画

《亚瑟王之死》插画

作品中看到了自己的影子。而奥伯利也深深地佩服王尔德，为对方的才华倾倒。

在王尔德的邀请下，奥伯利为《莎乐美》画了插图，不过，这些颇具恶作剧意味的插图一度令奥伯利成为舆论界的众矢之的。这些作品甚至让出版商感到为难，比如其中一幅插画名为《莎乐美的梳洗室》，画中，莎乐美的梳妆台上散落着左拉的现实主义小说《土地》和法国颓废派运动的代表作——夏尔·波德莱尔的《恶之花》。当时这两本书在英国被认为是禁书，奥伯利不得不重新创作这些插图。

1894年4月，《黄皮书》的出版又将奥伯利·比亚兹莱带进大众的视野。奥伯利任这本杂志的艺术主编。1894年1月，他曾写信向朋友说明办《黄皮书》的初衷："有很多精彩的油画和插画作品在传统的杂志上无法发表，或者是因为话题不够流行……我们为这些作品提供平台。"《黄皮书》意在挑战主流文艺，尽管媒体将其负面评价传得沸沸扬

扬，但《黄皮书》的前四期期期火爆。这份杂志的封面尤其吸引人，这些封面都由奥伯利亲自绘制。遗憾的是，这些作品令大多数人不知所云，只博得少数几个智者会意的一笑。

奥伯利的经济状况有所好转，他终于在伦敦买得起房子。有了房子后，奥伯利可以随时邀请亲朋好友来家里做客，他的客人包括年轻的作家、艺术家、《黄皮书》的撰稿人等。1894年到1895年是奥伯利在伦敦文艺圈最活跃的一年，他的朋友、英国讽刺画家麦克斯·毕尔邦称这一年是"奥伯利·比亚兹莱的时代"。除了画画，奥伯利也喜欢看舞台剧和音乐会，并对理查德·瓦格纳的歌剧着迷。他的一幅插画作品画的就是理查德·瓦格纳的歌迷们。同一时期，奥伯利的绘画风格也略有改变，他的作品中分散人注意力的部分和装饰的部分在消失，主人公更鲜明，作品中的怪诞元素也在减少。

《莎乐美》插画

但意想不到的事情发生了，奥伯利突然丢掉了饭碗。1895年，王尔德被捕入狱。据说，王尔德将一本黄皮的法国小说带进了监狱，报纸纷纷就此大做文章，称"手持黄皮书的奥斯卡·王尔德被捕"。《黄皮书》杂志因此受了牵连。奥伯利曾和王尔德关系密切，尽管此时两人已经产生矛盾，分道扬镳，但人们总习惯于把两人联系在一起。大量作者威胁《黄皮书》

的出版商，要求撤下奥伯利·比亚兹莱的所有作品，否则他们就会罢工。迫于压力，出版商不得不撤下第五期《黄皮书》中奥伯利的所有作品，并停止和他的合作。

　　奥伯利失去了谋生的手段，连伦敦的家也保不住了。他陷入窘境，他的周围不再有称赞和艳羡，更多的是挖苦和敌意，他的健康也每况愈下。此时，出版商莱奥纳多·史密瑟斯向奥伯利抛出橄榄枝，邀请他为即将创刊的杂志《萨伏伊》工作，并许诺每周向他支付二十五英镑。从1896年1月开始，奥伯利陆续在《萨伏伊》上发表插图作品并连载他的长篇浪漫小说《在山下》。只是在奥伯利去世前，这本小说还没有完成，后来那些已发表的内容被结集出版，名为《维纳斯和唐怀瑟》。此时，奥伯利的画风又有了一些改变，因受法国洛可可艺术家让·安东尼·华托的影响，他的作品变得和谐平静。

《萨伏伊》插画

　　1896年3月，奥伯利去巴黎出差，他的病情突然加重。之后的二十二个月，他一直在求医问药中度过，同时他也坚持创作。1896年夏天，他回到伦敦，从塞姆·汤普森医生那里了解到，自己的时日已经不多。他在一封信中写道："我开始抑郁，感到越来越害怕。"1896年7月，他立下了遗嘱。而与此同时，他在这一年完成的作品，简直可以用登峰造极来形容。完成《卷发遇劫记》的插图后，奥伯利为古希腊作家阿里斯托芬的喜剧《利西翠妲》画了插图，这算得上是他的杰作。之后，奥伯利的兴趣又转移到古罗马经典剧，他为《第六讽刺》画了插图。奥伯利最后完成的作品是出版于1897年3月的《片刻的丑角》，此时，病魔已经逐渐将他吞噬。

1897年秋天，在医生的建议下，奥伯利在妈妈的陪护下，前往法国南部海岸小镇蒙顿生活，以躲避北方寒冷的冬天。大多数时间，奥伯利卧床不起，但稍有一点儿精神气，他便起来继续画画。1898年3月16日，奥伯利·比亚兹莱在蒙顿的一家旅馆安然离世。他的妈妈和姐姐陪在他的身旁。他被埋葬在蒙顿的山丘墓园中，眺望着小镇。这一年，他只有二十五岁。

奥伯利·比亚兹莱的生命虽短暂，却绚烂夺目。他虽然家境不好，却从不自卑。他的才华、善良和热情为他赢得了校监的青睐，让两人成为一辈子的忘年交；他的上进心、真诚和谦逊打动了艺术界的前辈，帮他获得了更多的机会。奥伯利是幸运的，但也因为他的努力和坚持，他才配得上这份幸运。越努力的人，才会越幸运。一个人无法选择生命的长短，却能够选择过一个饱满而充实的人生。

《卷发遇劫记》插画

Beatrix Potter

毕翠克丝·波特：

小兔彼得和它的主人

毕翠克丝·波特

　　去花园偷吃蔬菜的小兔彼得，爱冒险的小猫汤姆，一直梦想能够自己孵蛋的母鸭杰米玛·帕德尔，可以用尾巴游泳的松鼠纳特金，帮格洛斯特的裁缝缝衣服的小老鼠……在英国湖区的"毕翠克丝的世界"，可以邂逅毕翠克丝·波特的童话书里所有的主人公。

　　在英国艺术界，毕翠克丝是一个另类。她从未举办过自己的画展，从没接受过正式的艺术教育，然而，她的名字世人皆知。她自始至终靠自学，参考书里的插画，逐渐形成了自己的风格。她的画让人们看到最简单的事物中的美。

　　毕翠克丝没有孩子，却为孩子们画了三十多本童话书；她来自富庶的伦敦，却在宁静的乡下安了家；她自小被教养成淑女，却选择着粗布、干农活。毕翠克丝喜欢小动物，喜欢画画，最终过上了她喜欢的生活，如同传记电影《波特小姐》的开场——毕翠克丝坐在湖区的大树下画画，画外音是她的自语："写故事的开头最甜美，因为你绝不会知道故事如何发展；我的故事把我带到这里，我也属于这里。"

"我和弟弟出生于伦敦，我们的爸爸是律师。"很多年后，毕翠克丝·波特写下这句话，但她的下句话是："我们骨子里所喜欢的，我们的全部的欢乐，都在英格兰的北部。"她最终在位于英格兰北部的湖区安了家，一直在那里生活，直到去世。

　　1866年7月28日，毕翠克丝·波特出生于伦敦一户富庶的中产家庭。她家的房子呈典型的维多利亚风格，阴暗、不通风，让人感觉压抑，毕翠克丝后来表示非常不喜欢这栋房子。毕翠克丝主要由保姆麦肯奇抚养大。麦肯奇来自苏格兰，严厉且传统，和毕翠克丝住在三楼，偶尔会带她到附近的公园散步，或带她下楼向父母说晚安。毕翠克丝的父母很喜欢社交，妈妈海伦热衷参加各种各样的宴会，爸爸罗伯特喜欢画画和摄影，还经常为好友、英国著名油画师和插画师约翰·米莱斯拍照片，为对方提供画画的素材。在爸爸的影响下，毕翠克丝从小就喜欢画画，约翰·米莱斯也曾经亲自鼓励她。1896年，约翰·米莱斯去世时，毕翠克丝写道："我会永远记得约翰·米莱斯对我的关心，但是我从小就怕他。他鼓励我画画，他的称赞很受用，他说，很多人会画画，但只有你和我的儿子会观察。"

毕翠克丝八岁时的图画

毕翠克丝九岁时的图画

毕翠克丝六岁时，弟弟伯特仑出生，弟弟和姐姐一样喜欢画画。大多数时间，毕翠克丝只能待在三楼的房间里和弟弟玩。他们养了很多宠物：一只绿色的青蛙、两只蜥蜴、四只黑色的蝾螈、一条蛇、两只火蜥蜴、一只蝙蝠、一只睡鼠和一只乌龟。毕翠克丝和弟弟观察宠物的行动，记录它们的成长和个性。毕翠克丝很认真地画这些宠物，除了画得漂亮，还要画得准确，于是她用放大镜和显微镜辅助观察并照着画。她画的甲壳虫、蜘蛛、蚂蚁、蜻蜓都细微到能看清它们的每根触角和腿上的毛。毕翠克丝还喜欢画蝙蝠，她发现蝙蝠最喜欢黄昏的光，它们有着小黑珠般的眼睛，不时会眨一下。她的宠物刺猬温迪琪很爱干净，并且，如果让它做很久的模特，它就会变得烦躁，开始乱咬。

《蝙蝠》

《九只甲壳虫》

《篮子里的天竺鼠》

毕翠克丝最喜欢画的是老鼠。在她的画笔下，老鼠勤奋善良，会读报纸，会下棋，也会跳舞。毕翠克丝回忆，她曾经养过一只老鼠，它喜欢睡觉，总是一副睡不醒的样子。她时而会对它讲："醒来，醒来，Xarifa。"称呼它"Xarifa"源于约翰·吉布森·洛克哈特的诗歌"Rise up，rise up，Xarifa"，这也是后来在她的作品《精灵的大篷车》中，她给主人公起名"Xarifa"的原因。

除了在家里观察宠物和画画，毕翠克丝童年最大的乐趣是每年夏天随家人到苏格兰高地的别墅度假。父亲常常会邀请一些好友同往，其中包括约翰·米莱斯和他的女儿。连续十二年的夏天，他们都在邓凯尔德附近的"Dalguise House"度过。大人们钓鱼，小孩子们在树林里或者河边玩耍，他们摘野花，听猫头鹰、夜莺和鹿的叫声，抓毛毛虫……蓝天、白云、泥土的芬芳和河流的细语，让毕翠克丝感到前所未有的快乐。

《木桩上的两只松鼠》

《毒蝇伞和苔藓》

　　也正是从这个时候，毕翠克丝开始写日记，她用自己设计的"密码"写日记，这样别人，尤其是她的妈妈就不会看得懂。她这样写了十五年日记，后来，连她自己也不记得当时都写了些什么。

　　1882年，波特家的人被告知，他们在苏格兰度假租住的屋子被卖掉了，他们不得不到别处度假。新的度假地位于英国湖区的温德米尔湖畔。这一年，毕翠克丝第一次来到湖区。毕翠克丝首先爱上的是湖区的蘑菇——腐树枝干上的、潮湿的树下的和草丛里的。这些蘑菇都成为毕翠克丝临摹的对象，她还用显微镜观察蘑菇孢子的形状。后来，在叔叔的建议下，毕翠克丝到英国皇家植物园林——邱园学习，她竟然发现了孢子繁殖的方式，并撰写了论文《关于菌类植物孢子发芽的研究》。1897年4月1日，毕翠克丝的男同事代表她在伦敦林奈学会做了关于这个发现的陈述——当时女子受歧视，被禁止参加学术会议。除了作家、插画师，毕翠克丝也算得上是一位生物学家。

十一岁的弟弟伯特仑被家人送进寄宿学校读书，此时，姐弟两人的家教老师辞职。因为当时女孩子不能去学校上学，毕翠克丝的妈妈便聘请了安妮小姐教毕翠克丝德语和拉丁语。安妮比毕翠克丝大三岁，两人很快成为好朋友。后来，安妮离开毕翠克丝，结婚生子，两人还经常联络。毕翠克丝很喜欢孩子，她最大的乐趣是去安妮家做客——因为她家有六个孩子！最令毕翠克丝感到惬意的是，孩子们的爸爸经常出差，她可以大张旗鼓地作"孩子王"。孩子们也很喜欢她来家里做客，因为她会带来兔子，或者一篮子小白鼠，或是住在笼子里的蝙蝠，并任它们在房间里跑，在房间里飞。孩子们可以无拘无束地和毕翠克丝、和小动物们玩耍。

《菠萝和蜥蜴》

毕翠克丝写给诺埃尔·摩尔信中的一页

　　从小到大，无论心情好还是不好，毕翠克丝都不会放弃画画，她后来回忆："我在忙碌的事情都差不多，把眼睛看到的美好的物品都画出来。我不能休息，我必须画画，无论画得多么糟糕。当我心情不好时，这种画画的欲望更加强烈。"不知不觉中，画画成了毕翠克丝的习惯、她的表达方式。

　　1892年，毕翠克丝带着她的宠物兔随家人再次来到苏格兰度假，此时，离上次来苏格兰已经有十一个年头。毕翠克丝通常会带着心爱的兔子旅行，并经常牵着兔子散步。她不仅会画兔子，对兔子的习性也了如指掌。她发现兔子性格温和，简单率直，比如，当兔子感到心满意足时会在地面上磨蹭它们的下巴。并且，兔子像人一样性格各异，小兔本杰明性格倔强，爱弄出动静，但是小兔彼得就很平和而镇定。

同往年度假不同的是，毕翠克丝决定给安妮的儿子诺埃尔·摩尔写信。诺埃尔已经六岁，能够认识一些字，但他的身体不好，经常生病。毕翠克丝希望自己的信能够给他带去一些快乐。第一封信写于1893年9月4日，是从苏格兰邓凯尔德的伊斯特伍德寄出的，这封信也成为世界上最著名的信之一。信中写道："亲爱的诺埃尔，我也不知道该给你写些什么，我给你讲个故事吧。这个故事是关于四只小兔子的，它们的名字是佛洛普西、莫普西、棉球尾巴和彼得，他们和妈妈一起住在沙丘上一棵巨大的红杉树下。"除了文字，信中还画着故事的配图——兔妈妈和四只小兔子在大树桩前，其中一只兔子蹲坐在那儿，一只兔子竖耳倾听，一只兔子在打瞌睡，栩栩如生。诺埃尔很喜欢这个故事，并把这封信认认真真地保存好。

《小兔彼得的故事》插画

135

诺埃尔收到更多来自毕翠克丝的信件，故事终于完整了。《小兔彼得的故事》的主人公是顽皮冒失的小兔彼得。彼得和妈妈、三位姐姐在一起生活，很不幸的是爸爸被麦奎格夫人做成肉派吃掉了。一天，彼得不听妈妈的劝告，溜进麦奎格先生的菜园偷吃蔬菜，结果被发现了。他赶紧逃跑，却把蓝夹克和鞋子跑丢了。麦奎格先生用彼得的夹克与鞋子做了一个稻草人放在菜园当中。彼得终于平安到家，但也因此受到惩罚。故事的结尾是"彼得上床睡觉，用一勺菊花茶来止肚子痛"。

在湖区度假时，毕翠克丝结识了哈德威克·拉恩斯雷。哈德威克是英国国民信托组织的创建者之一，这个组织旨在保护英国的历史遗迹和历史建筑，确保自然环境不因工业发展而被破坏。他也是诗人，很欣赏毕翠克丝的才华，建议她出书。受他的启发，1900年，毕翠克丝将写给诺埃尔的信件全部借回，并根据信件的内容创作了童书《小兔彼得的故事》。之前，毕翠克丝也尝试过靠画画挣钱。她接受弟弟的建议，把她画的小兔本杰明邮寄给出版公司，没有想到这些作品被出版社认可并出现在贺年卡上。

毕翠克丝带着新作拜访了六家出版社，但没有人对她的作品感兴趣。因为那时，童书必备的特征是彩色和大开本。毕翠克丝打算出的书不具备这些特征，她要出的书开本很小，并且只有黑白色的插图。屡屡受挫，毕翠克丝快要失去耐心了。她只是希望更多的小朋友能看到这本有意思的书，干脆决定自

《杰米玛·帕德尔鸭的故事》插画

己掏钱出版。1901年，黑白版本的《小兔彼得的故事》上市。

　　没多久，好友哈德威克帮毕翠克丝联系上了费德里克·沃恩出版社。出版商很喜欢《小兔彼得的故事》，建议出彩色版。色彩为毕翠克丝的画作锦上添花。比如，在毕翠克丝的画笔下，女兔宝宝披着粉色的斗篷，男兔宝宝穿着蓝色的夹克。有趣的是，出版商要求毕翠克丝重新画麦奎格太太，因为他们担心她原先的样子恐怕会吓坏小朋友。于是，毕翠克丝又画了个年轻的、漂亮点的麦奎格太太。

　　1902年10月2日，八千册彩色版《小兔彼得的故事》上市，很快一售而空，到同一年底，这本书又加印了两次，印量达两万八千册。这本书热销后，费德里克·沃恩出版社督促毕翠克丝创作新的童书。1903年底，《松鼠纳特金的故事》和《格洛斯特的裁缝》出版，后一本中那些美丽的衣服是毕翠克丝仿照英国维多利亚与艾尔伯特博物馆里陈列的十八世纪的衣服画的。她时常站在展馆角落里仔细地观察衣服，热心的博物馆工作人员同意将衣服平铺在桌子上，让她照着画。1906年出版的《杰里米·费希尔先生的故事》则以青蛙做主角。

　　小兔彼得的形象又出现在毕翠克丝的另外几本童书里，包括《小兔本杰明的故事》和《托德先生的故事》。除此之外，在毕翠克丝1911年出版的《小兔彼得的绘画书》和1929年出版的《小兔彼得1929年年历》里，它也是主角。直到今天，无论是大朋友，还是小朋友，对淘气的小兔彼得都不会感到陌生。

《杰里米·费希尔先生的故事》插画

小兔彼得一直人气不衰，首先要归功于毕翠克丝独特的创作风格：尽管彼得穿着人的衣服，彼得的妈妈会提着篮子上街买菜，或站在床边给小兔喂茶，它们也都还是兔子的模样。并且，这些动物，无论是兔子、老鼠，还是青蛙，或者刺猬，它们不是毕翠克丝凭空想象出来的，而是毕翠克丝身边的朋友，是活生生存在着的生命。毕翠克丝是细心的观察者，她根据这些动物的个性和特征，描绘出它们的世界，而不是单纯地将它们拟人化。从毕翠克丝的作品开始，插图不再是可有可无的装饰，插图本身也在讲故事。比如，彼得背过身去站在一旁，显示出他的不开心；飞跑着的彼得表明他的恐慌等。毕翠克丝创作的童书最早将图文完美结合在一起，是现代图画书的一座里程碑。

　　毕翠克丝和费德里克·沃恩出版社的所有沟通是通过诺曼·沃恩进行的。诺曼性格温和，毕翠克丝机灵可爱，两人一见倾心，合作也越来越多。他们一起创作了《两只坏老鼠的故事》，还约定每年合作出版两本童书。

　　不幸的是，诺曼因病去世。毕翠克丝无比悲伤，便前往曾经带给她无限快乐的湖区，成为一名"农妇"。她用写书的收入买下位于湖区的丘顶农场，并聘请当地的农夫约翰·加农帮助经营。在几乎与世隔绝的湖区，毕翠克丝时而穿着粗布衣服照顾农场的动物，时而任思绪飞翔，创作新的童话故事。她陆续创作出以湖区农场为背景的插画童书《小猫汤姆的故事》《络腮胡塞缪尔的故事》《杰米玛·帕德尔鸭的故事》和《金杰和皮克的故事》等。

《杰里米·费舍尔先生的故事》插画

湖区带给毕翠克丝宁静和灵感，毕翠克丝也在这里遇到了新的爱人。1909年，毕翠克丝在湖区买下第二座农场，此时，她和几次协助她购买农场的当地律师威廉·希利斯成为无话不谈的好友。毕翠克丝对他无比信任，威廉也喜欢上了这位来自伦敦、不怕脏累、喜欢乡下生活的女子。两人于1912年夏天结婚。

父亲去世后，毕翠克丝将八十多岁的母亲接到湖区和他们一起生活。大概因为越来越陶醉于乡下的生活和劳作，毕翠克丝的新作越来越少。1921年，一位来自美国的图书管理员安妮·卡罗尔·摩尔慕名来到湖区拜访毕翠克丝。安妮是纽约公共图书馆儿童馆的第一任馆长，也是美国图书馆未成年人服务的开拓者，她这次来欧洲的目的是帮助战后重建儿童图书馆。安妮成功说服毕翠克丝复出——1922年底，毕翠克丝的新作《赛西莉·帕斯莉的童谣》出版。

1924年，毕翠克丝又买下特劳特贝克花园农场。她的饲养业也硕果累累，她成为饲养赫德威克绵羊的专家，并担任当地农产品展览的评委。1930年，她被选举为全英赫德威克羊饲养协会的首位女会长。同一年，她的童书《小猪鲁滨逊的故事》出版。

在哈德威克的影响下，毕翠克丝也积极保护自然环境，遏止城市化发展入侵乡间。她用积蓄买下湖区四千英亩（英亩，面积计量单位，一英亩约等于4046.856平方米）面临被分割的土地，将其中的一半低价转卖给英国国民信托组织，并许诺在她去世后将另外一半捐赠给对方。

此时，很少有人能将这位大嗓门，不管是晴天还是雨天，带着盒饭，挂着拐杖，整日往农场跑的律师太太和小兔彼得、小猫汤姆的作者

《小猫汤姆的故事》插画

《三只小老鼠坐下来纺布》插画

《兔子聚会》插画

联系在一起。不过，她所选择的生活，正是她一直渴望的生活。

　　1943年12月22日，七十七岁的毕翠克丝·波特去世。她委托牧羊人汤姆·斯托雷继续帮她经营农场，并让汤姆将她的骨灰撒在她喜欢的湖区的田野里，地点保密。1986年，汤姆·斯托雷去世，再也没有人知道毕翠克丝的骨灰被撒在了哪里，但毫无疑问，她和她热爱的那片土地永远在一起。毕翠克丝留下遗言将她的四千英亩土地全部捐赠给英国国民信托组织，直到现在，那里依旧保存着她创作童弓时的原貌——在湖区散步，你也许会邂逅小猫汤姆、鸭子杰米玛·帕德尔和小不点鼠太太呢。

Autumn

秋

John Millais

约翰·米莱斯：

大自然的学生

约翰·米莱斯

约翰是绘画天才，十一岁便成为英国皇家美术学院会员，十九岁获得学院金质奖章，并在同一年，和罗塞蒂、亨特创立了"拉斐尔前派"。

约翰习惯照着模特创作：画人物就照着亲朋好友画，画羽毛要到湖边捡一支羽毛，画老鼠就到田野里找老鼠。为画羊，约翰的爸爸甚至到肉店给他买了一个带毛的羊头充当模特。

他早期的作品非常专注于描绘细节，呈现出美感以及大自然的复杂性。但为了生存，约翰后来不得不向现实妥协，他的画风变得更为开阔，他用创作的自由换取了家人生活的保障。

人们永远不会忘记他曾经带领一群年轻的艺术家，那么狂热地追求自然主义与真实主义。重要的是曾经拥有过，正如他在生命最后时刻的感慨："我有过美好的时光。"

在写画彼得兔的插画师毕翠克丝·波特时，提到毕翠克丝·波特的爸爸是文艺青年，一家人经常会和约翰·米莱斯一起去度假。无论工作多忙，约翰每年都会抽时间去度假，这和童年的经历有关——他的身体很差，所以早早地体会到健康的重要，劳逸结合便成了他生活的原则。

1829年6月8日，约翰·米莱斯在英国南安普顿出生。很小的时候，他就喜欢观察，并且有着超凡的记忆力，出门散步回来，他几乎能把遇到的每个人都画出来，而且画得很像。举家搬到伦敦后，约翰的父母意识到孩子的天赋，像天下所有的父母亲一样，他们希望孩子能够发挥特长。他们把约翰带到英国皇家美术学院院长马丁·阿彻·希爵士面前，希望对方能给孩子一些指点。看到这个小不点儿，院长还以为他是来送报纸的，但是在看过约翰的作品后，院长惊其为天才。院长安排约翰先接受一些基本的绘画培训，建议他去大英博物馆写生，过几年再来艺术学院上学。约翰十一岁时便成为英国皇家美术学院的学生，直到今天，约翰·米莱斯依然是该学院招收的年龄最小的学生。约翰的家境并不富裕，幸运的是他认识了一位退休的律师。这位律师很喜欢艺术，赏识约翰的才华，知道他家里穷，便提出每年支付他一百英镑，要他课余时间去家里画画，画什么都行。约翰为这位律师工作了两年。

1846年，十七岁的约翰第一次参加皇家美术学院的展览。他的参展作品是《皮萨罗抓住秘鲁印加人》，这幅画被认为是当年最重要的关于历史的油画作品。这幅画的主题不同寻常，其背景是发生在1532年的

《年轻的妈妈》

《皮萨罗抓住秘鲁印加人》

"卡哈马卡之战"。在此战役中，西班牙殖民者屠杀了约七千名印第安人。画中，西班牙殖民者弗朗西斯科·皮萨罗在卡哈马卡俘虏了印加帝国的君主阿塔瓦尔帕。这一事件也预示不久之后，西班牙将开启在南美洲的殖民统治。约翰邀请一位出现在同名戏剧中的演员担任画中皮萨罗的模特。

1847年，约翰画了一幅自画像。画像中的他眉清目秀，一脸童稚，面带天真的微笑，像是一个十二三岁的孩子，而不像是一个十八岁的青年。这大概是因为，学院的老师和同学一直都把他当成神童，喊他"那个孩子"。于是，约翰似乎也接受了这个命运。此时的约翰雄心勃勃。

1848年秋天，约翰和其他六名艺术系的学生，包括但丁·罗塞蒂和威廉·亨特等人结成了"拉斐尔前派"，挑战当时的艺术潮流，倡导美术改革运动。他们反对当时懒散而公式化的学院画风，主张回归十五世纪意大利文艺复兴初期的画风——崇尚画丰富的细节，并运用鲜艳的色彩。拉斐尔前派的创作原则是"忠实于自然",画在自然界看到的东西。他们认为必须以自然为主导进行创作,从自然获得灵感,他们痛斥人与自然的疏离,希望通过艺术将人性、自然和理想中的美体现出来。

拉斐尔前派的年轻艺术家们经常聚在一起交流创作,他们一起吃饭,一起熬夜画画,亲密无间。约翰不喜欢画作品中的衣服,建议亨特帮他画,他也乐意帮对方画人物像,以至于后来,人们总是忍不住对比两人作品中的相似处。约翰的作品也被认为深受罗塞蒂的影响,不过,约翰却反驳,拉斐尔前派成员对光线和真实的追求是整个画派的风格,并非某一个人的功劳。

在拉斐尔前派风起云涌的日子里,约翰才思泉涌。他在此期间创作的第一幅重要的作品是用"P.R.B"署名的《罗伦佐和伊莎贝拉》,这幅作品是根据济慈的诗歌《伊莎贝拉》创作的。在这首诗歌中,诗人重述了《十日谈》中的一个短篇故事。这幅画作表面平淡祥和,但

《罗伦佐和伊莎贝拉》

一场悲剧正暗潮汹涌。这幅作品中的所有人物都是约翰照着自己的亲朋好友画的，他所使用的模特包括他的弟媳、他的父亲和他的学生。当时，人们对这幅作品的评价是"精致而美丽"，也有人认为画中呈现出过多的摆设。大多数艺术评论家并不喜欢这幅作品，只有寥寥的几个评论家觉得还可以，认为这幅作品是对非主流艺术风格的尝试。评论家的沉默反而让约翰更坚定了继续追求自己风格的信念。

约翰·米莱斯的另一幅作品《绿精灵诱惑菲迪南德》也是拉斐尔前派的重要代表作，这幅作品根据莎士比亚的《暴风雨》中的情节所画。约翰将飞舞在空中的精灵画成了绿色的像蝙蝠一样的动物。一个名为威

廉·维斯德的人出价一百英镑订购了这幅画，但当他看到作品后，非常不喜欢精灵的形象，当即毁约。计划中的收入打了水漂，约翰陷入贫困潦倒的境地，不得不到戏剧院门口为演员画素描像获得一些收入。当然，也有欣赏他的人。有一天，约翰·米莱斯的好友带一个陌生人来看他画的《绿精灵诱惑菲迪南德》，陌生人没说多少话，看了几眼就离开了。约翰有点失望，但当他把画搬回原处时，他看到画下压着一张一百五十英镑的支票。

1851年，约翰·米莱斯完成了油画《玛利安娜》，这幅作品根据莎士比亚的舞台剧《一报还一报》创作。画中，玛利安娜正站起身来，身

体后倾，舒展着苗条的腰肢，这一动作增加了孤寂岁月的郁闷感。她穿的深蓝色的衣服和橘红色的座位形成强烈的对比，她的前方是彩绘玻璃，可以看到玻璃后的花园。窗外的景色是照着科姆花园画的。在画这幅作品时，最大的挑战是找老鼠的模特。找了很久都找不到老鼠，约翰很沮丧，当他正向爸爸抱怨时，一只小老鼠突然蹿了出来，逃到箱子后。约翰以迅雷不及掩耳的速度踢了一下箱子，小老鼠伤得不轻。约翰马上照着小老鼠作画。

我最喜欢的约翰·米莱斯的作品是《奥菲丽娅》。画中，河边布满繁花，水中生长着丝绸一样的水草，已经死去的奥菲丽娅浮在水面上，顺流而下。奥菲丽娅是莎士比亚的舞台剧《哈姆雷特》中的人物，这个美丽的女子是哈姆雷特的爱慕者，因得不到哈姆雷特的爱情，在神情恍惚中落水而亡。西德尔小姐是奥菲丽娅的模特。为接近服装在水中漂浮的真实效果，约翰安排西德尔小姐躺在一个灌满水的大浴缸里，浴缸中有亮着的灯管，用来加热以保持水温。绘画过程中，浴缸里的加热灯管忽然熄灭，约翰画画太专注，没有注意到这一点，可怜的模特差点冻僵。得知这一意外后，西德尔小姐的父亲勃然大怒，要求约翰为这一疏忽行为赔偿，约翰同意支付西德尔小姐看病的费用。画中的河是照着流入泰晤士河的支流霍格斯米尔河画的——那是1951年的夏天，垂柳在河面轻拂，河岸野花遍野，约翰和亨特租下附近的小木屋，一起绘画。

英国《笨拙》杂志的艺术评论员汤姆·泰勒很喜欢《奥菲丽娅》，评价这幅作品是约翰·米莱斯的代表作之一，展现了理想中的女性形象。

1851年，约翰·罗斯金对拉斐尔前派大加赞赏，认为他们"不选择，不拒绝，不蔑视"，又能秉持"完整的作品既包括整体性，又要有自然的效果，以及源源不断的细节"这一理念。约翰·罗斯金因《现代画家》一书成名，他在书中高度赞扬了威廉·透纳的作品。在读过他的书后，《简·爱》的作者夏洛蒂·勃朗特评价："之前我一直被蒙着眼睛走路，这本书给了我眼睛。"

在给好友康比夫妇的信中，约翰描述了和罗斯金的交往。在一封1851年7月2日的信中，约翰写道："亲爱的康比夫人，我刚和约翰·罗斯金先生共进了早餐，他和我已经成为好朋友，他邀请我夏天跟他一起去瑞士，尽管我们彼此的艺术观点还有些不同，主要的分歧是对于透纳作品的评价。他觉得我应该向透纳学习，但是我觉得，他早晚会对透纳的作品失去兴趣。"争论并不妨碍两人成为知己，不久，罗斯金将自己的妻子艾菲·格雷介绍给约翰认识。

1853年的秋天，约翰同罗斯金夫妇一起前往苏格兰度假。在给康比夫人的信件中，他写道："我在这里度过了美好的时光……天气允许的话，我们在岩石上聚餐，罗斯金夫人忙自己的工作，罗斯金和我都在画画。唯一的遗憾是这里有太多蠓，它们咬人咬得非常狠，让人不能忍受，几乎不能继续坐在那里画画。"

也正是这一年前后，约翰开始大规模地画插画，他把在苏格兰的见闻都画进了他的画册：时而描绘不同的室内聚会；时而展示他的室外活动，比如钓三文鱼，到山里探险；时而画周围的人，比如画罗斯金在画画。

随着事业有条不紊地进步，约翰的心情也舒展起来，他开始用滑稽的漫画展现人间百态。他完成的这类插画作品包括《罗伯特·布鲁斯和蜘蛛》《英国人包围了邓巴城堡》《詹姆斯·道格拉斯在圣地的历险记》《过边境》等。后来，约翰把这些插画拿给英国插画师约翰·李奇看，对方在创作《漫画英格兰史》和《漫画罗马史》时学习了他的风格。

约翰·米莱斯的大部分插画刊登在《伦敦新闻画报》和《笨拙》杂志中。他画的插画内容包罗万象，包括人物、花草和动物等。约翰认为，一位真正的艺术家应该有能力画任何东西。

1853年，约翰·米莱斯入选皇家美术学院院士。然而，有些艺术家对他的偏见很大，认为他照着模特画的方式是在造假，甚至称他是造假艺术家。此时，拉斐尔前派各位成员在艺术创作理念上的分歧也越来大，比如罗塞蒂内心深处从来不归属于拉斐尔前派，后来，他终于听从自己的内心，彻底抛弃从自然中获得灵感的原则，依据想象进行创作。随着拉斐尔前派的忠实成员瓦特·德维瑞生了病，威廉·亨特要去东方发展，这个曾经充满激情和理想主义的小集体在不知不觉中瓦解。亨特表示拉斐尔前派"简直是个笑柄"，是"自生自灭"。也许，导致散伙的最根本的原因是他们的作品在当时没有市场，画卖不出去。拉斐尔前派的艺术家个个穷困潦倒，现实的生活压力逼迫大家不得不自谋生路。

1855年，罗斯金和艾菲的婚姻被判无效。出人意料的是，离开罗斯金的艾菲和约翰结了婚。他们婚后第二年就有了一个儿子，两人共生育了八个孩子。在他们四十一年的婚姻生活里，艾菲对约翰的照顾无微不至，她还是约翰创作的助手。当约翰要画一幅和历史有关的油画时，艾菲会竭力了解当时的历史背景，收集图片资料，给丈夫做参考。艾菲精

《春天》

《洛克斯利厅》插画　　　　　　　　　　《奥利农场》插画

湛的钢琴弹奏也给家人和客人带来很多美好的时光。

　　约翰·米莱斯有时画油画，有时画插画。他给英国小说家安东尼·特罗洛普的多部小说，包括《阿灵顿小屋》《雷切尔·雷》和《菲尼亚斯·芬恩》等作品，画了八十七幅插图。当时的插图作品通常包括两类：一类是漂亮的图片，一类是插画师按照作者的思路画出的插画。约翰既非自负的前者，也非懒惰的后者，他画的每幅画都是为了渲染作者的观点。特罗洛普称赞他："再也不会有人能够像他这样兢兢业业地完成这些作品。"两人的友谊一直持续到特罗洛普去世。

　　为了挣更多的钱养家，约翰决定画更多的插画，他为丁尼生的诗歌集画插图，同时为《伦敦新闻画报》和《笨拙》杂志画插画。约翰很清楚，画插画只能算是画油画的调剂，同油画创作相比，铅笔创作的空间太小。这些插图通常是在晚上完成，约翰把白天的时间留给热爱的油画。在当时，插画作品并不流行，但是可以很快获得收入。在一封写给朋友的信中，约翰说："如果我答应为他们画插图，他们会支付五百英镑的酬金给我，但是要好好考虑一下，因为我不能让画插画影响了我的油画创

《和平缔约》

《秋天的叶子》

作。当然，听说我的插画升值这么快，也是一件令人感到愉快的事情。"

后来，约翰完成了油画《和平生活》，画的是一名受伤的军官靠在妻子的怀抱里，孩子围绕在他们的周围，一只爱尔兰猎狼犬卧在沙发上。画中女子的模特正是妻子艾菲。约翰评价这幅画："提香也会自惭形秽……这幅画和《秋天的叶子》会成为本世纪（十九世纪）最优秀的作品。"他也开始使用新的签名，签名的形状有点像女王的皇冠，令人不禁感慨：这位温暖、内敛又幽默的英国绅士也有内心狂妄的时候。

约翰·米莱斯的作品继续引起争议，招来恶评，他并不介意："来自报纸的点评大都在批评我，但是杂志对我的评价就比较客观。即使大家都批评我，我也会保持自己的立场。主要是时间的问题，或许我们这一代看不到，但是最终正确和真相一定会胜利。"

当所有的人都在指责约翰·米莱斯时，罗斯金却继续认可约翰的作品的价值，甚至称赞《秋天的叶子》是他见过的最富有诗意的作品。但是没过几年，罗斯金突然改变了对约翰的态度，认为《伊瑟布拉阁下》是能够代表拉斐尔前派特色的最后一幅作品，但是这幅作品并不值得被称赞。这是对约翰·米莱斯致命的一击，他的事业、他的收入都面临着灾难。有一种观点认为，约翰·米莱斯婚后选择了更广的创作风格，但新的风格被罗斯金否定，而约翰·米莱斯之所以这样做，是为了能画更多的画，赚更多的钱以支持家庭开销。

不久之后，约翰撰写文章《对今天艺术的几点感受》发表在《艺

《伊瑟布拉阁下》

术杂志》上，呼吁艺术创作要个性化，要多样化。他写道："有很多年轻人，尽管他们是英国人，却借鉴支离破碎的法式绘画风格，他们在模仿法国大师的过程中失去了自己的身份，但他们还洋洋自得。对于年经人而言，模仿是可以原谅的，但只是对年轻人而言。迟早，他们的能力会引导他们坚持自己的个性——如果他们有的话。不仅仅是个性，他们也要掌握各种各样的画技。我相信，无论他的某种绘画方式多么令人崇拜，或者他画的某种题材多么完美，艺术家都不应该将自己局限于一种方式或一种风格。"

无论如何，约翰的晚期作品和他年轻时候的追求背道而驰。他在画中体现的是他对早期绘画大师，比如英国学院派肖像画师乔舒亚·雷诺兹和西班牙宫廷画师迭戈·委拉兹开斯的敬意。他的这些作品主要关于历史主题，比如《爱德华和理查德王子在塔上》《西北方通道》和《罗利的少年时代》等。1896年，约翰完成了人生中的最后一幅油画作品《最后的跋涉》。画中，一名死去的白肤色猎人躺在非洲草原上，他的身边坐着两位凝思的非洲土著人。

同一年，约翰当选为皇家美术学院院长，此时，他不幸患上了喉癌。他对皇家美术学院的同事说："我已经准备好了，我不害怕……我有过美好的时光。"这一年的8月13日，约翰·米莱斯与世长辞。在他的葬礼上，很少有人提及他曾是那个血气方刚、挑战传统画风的拉斐尔前派的创立者。

但谁也不会忘记，他首先是大自然的学生。约翰·米莱斯画的每个细节都来源于大自然。他是大自然的爱好者，是大自然的主人，而不是大自然的奴隶。他的作品并非是对大自然的简单模仿，而是渲染。他晚期的作品有些浮躁，但从来不会粗心大意。他从来不惧怕细节，实际上，他喜欢画细节。画好细节的前提是用心观察，而他从未停止过观察。

让我们走近大自然，观察大自然，在大自然中寻找灵感并获得生命力，然后，用手中的色彩去赞美大自然，去赞美这个世界。

Phil May

菲尔·曼：

用线条作画的黑白艺术大师

菲尔·曼

比菲尔大三十岁的著名印象派画家惠斯勒认为，黑白艺术用一个词就可以概括——菲尔·曼。

在贫困的单亲家庭中长大的菲尔一心想离开利兹去伦敦发展，然而，伦敦并非所有人的伊甸园。刚到伦敦时，菲尔找不到工作，穷困潦倒，只能睡公园、街道，甚至不得不乞讨。大概是这段经历让菲尔深深体味到无助和孤独，也体味到来自陌生人的温情。他的画笔像是长了眼睛，把看到的三教九流、人生百态描绘出来。在他的画笔下，无趣的生活也变得活泼动人，糟糕倒霉的事件也令人忍俊不禁。

菲尔让漫画成为艺术品。他的每幅作品都在讲他自己观察到的故事。他不喜欢那些烦冗复杂的细节，他用长长短短的线条构图，他喜欢留白，让人们的眼睛可以呼吸。

同二十五岁去世的奥伯利·比亚兹莱相比，菲尔·曼三十九岁去世，仿佛要幸运一点儿。两人同被认为是十九世纪九十年代最重要的黑白插画艺术家。他们的风格迥然不同，甚至是两个极端：前者完全靠想象，后者完全靠观察；前者的作品黑暗而诡异，后者的作品风趣、接地气。两人也有过交集，奥伯利和菲尔经常在各类聚会上相遇，朋友评价他们："奥伯利·比亚兹莱话很多，总是滔滔不绝；菲尔·曼不喜欢说话，只是温和地微笑。"

英国艺术评论家玛丽昂·斯伯曼评价菲尔："他用笑的哲学，以旁观者的眼光，用铅笔表现真相；他很坦率直白，他通过有趣的视角画出人和事物原本的样子。"

《"女士，别担心，箱子里的东西不怕摔！"》

1864年4月22日，菲尔·曼出生于利兹的郊区，他是八个孩子中的第七个。他的妈妈莎拉·简是爱尔兰人，曾在剧院里工作；他的爸爸尝试做各种生意，却总失败。更不幸的是，菲尔只有九岁时，爸爸在一次骑马事故中意外身亡。在主要靠男人挣钱养家的时代，爸爸的去世意味着家里断了收入，一家人的生活举步维艰。在亲戚的接济下，菲尔才得以上了几年学。他是懂事、爱学习的孩子，在学校时就赢得过绘画奖。老师评价他乐观，对生活充满热情，又有领导天赋。当时的利兹正处于工业革命的震荡期，大人们在工厂里忙碌，忍受艰苦繁重的体力劳动，

《"长官，我做错什么了？"》

体验无处不在的人情冷漠。菲尔经常和哥哥在破破烂烂的街头巷尾玩耍，自由自在，像是没人管的孩子，这也是他童年最快乐的时光。

菲尔十三岁时，不得不去工作，他还没有足够的时间憧憬未来，理想就被现实扼杀了。他的第一个理想是做赛马师，是受了爸爸的影响，但因为爸爸的遭遇，这个理想早早就破灭了。他的第二个理想是做舞台剧演员，他总能轻而易举地进入角色，到处是他的道具——纸做的帽子可以是王冠，废弃的窗帘可以成为国王的披肩，寒酸的街巷算是华丽的宫殿。

第一幕：等我一下。

From the ANNUAL, Summer 1892

第二幕：等的就是你。

这个理想也是有渊源的，在很多漫长冰冷的夜晚，菲尔和兄弟姐妹们围坐在妈妈身边，听妈妈讲在伦敦生活的姑姑的故事。姑姑是演员，出演过《雾都孤儿》的主人公奥利弗、《黑眼睛苏珊》的主角苏珊，姑父是演出公司老板。在菲尔心目中，伦敦意味着衣食无忧，意味着出人头地的生活，伦敦梦的种子早早在他的心间播下、生根。菲尔的老师也是舞台剧爱好者，他鼓励菲尔上台表演。一次成功的公演后，菲尔对表演感到更有信心了。课余时间，他还联合四五个男孩成立了"英雄俱乐部"舞台剧团。

美好的校园生活结束，菲尔的童工生涯开始。他首先在哥哥那里做了一段时间的粉刷工人，然后开始到处打杂。在中介公司，他不小心把

《在家办公》

牛奶洒在规划图上，吓得不敢回去上班；他在铸铁厂做计时员，总是通融迟到的工人，结果遭到开除。他和在利兹剧院工作的弗莱德·福克斯的儿子成为好朋友，经过这个小伙伴的推荐，他被介绍到刚开业的利兹宏伟大剧院工作，布置舞台，画背景幕板。和剧院的演员熟识后，菲尔自告奋勇给他们画肖像，最初完全是画着玩，后来也出售。随着他画技的增长，他的作品价格从一先令涨到了五先令。他的画作还被裱好挂在剧院门口，吸引过往顾客。这些作品的风格不一，有的是简洁的勾勒，有的是细腻的素描，对一个没有受过任何绘画训练的十来岁的孩子而言，这简直是奇迹。菲尔后来回忆："正是从这个时候，我的艺术生涯渐渐开始。"在剧院舞台设计师的鼓励下，菲尔又开始设计舞台剧服装，这些作品同样被认可。不久，十四岁的菲尔被邀请为当地的漫画报《约克郡闲话》画插图，他觉得要轰轰烈烈做一番事业了。

可是，菲尔并没有忘记深藏在心底的伦敦梦、演员梦，决定去伦敦闯一闯。他先去投奔伦敦的姑姑和姑父，结果，他们对侄子从事表演的想法并不支持。他们陪他在伦敦游览了几天，然后给他买了返回利兹的火车票。菲尔不甘心，倔强地决定哪怕举目无亲，也要在伦敦闯荡。结果是没有人肯为他提供工作的机会，大多数时间，他在剧院外面瞎晃。他的积蓄越花越少，他住不起旅馆，就睡街头，睡在伦敦堤岸附近和科芬园附近。很快他身无分文，不得不乞讨。正是这段经历让菲尔饱尝人间冷暖，目睹世态炎凉，他才得以迅速成长，在作品中大彻大悟。然而，这段痛苦的经历也损害了菲尔的健康，让他没有能力抵御日后的工作压力。

菲尔·曼的绘画天赋终于将他从泥沼里拯救出来。伦敦一家照相馆的老板欣赏他的素描，印刷了一些作品售卖，还邀请菲尔随时到他家吃饭。这些作品引起剧院老板润森的注意，润森介绍菲尔和英国著名喜剧演员莱昂内尔·布拉夫相识。布拉夫推荐菲尔到《社会》周刊工作，为对方画冬季刊。菲尔为1884年的《社会》冬季刊画了整整两版插图，名为《社会的七个纪元》，共包括一百七十八幅人物肖像。在《社会》周刊的工作结束后，菲尔又四处求职，但都不尽人意。他的健康每况愈下，此时，放弃伦敦，靠着已有的工作经历去利兹求职，貌似是最好的选择了。

菲尔垂头丧气地回到利兹。机会突然从天而降，他的朋友阿利森发电报告诉他，不久前《史蒂芬评论》邀请别人画的一组插图让老板很失望，阿利森问菲尔是否愿意重画这组插图。菲尔毫不犹豫地接下了这个活儿并在一周内完成。喜剧演员莱昂内尔·布拉夫也没有忘记这位有天赋的画家，在筹备《妮尔·格温》演出时，他建议菲尔担任舞台戏装设计师。1885年，《史蒂芬评论》改版成为以插图为主的杂志，菲尔被聘为杂志的正式员工，他的工作包括为杂志画政治漫画和舞台剧场景等。此时，菲尔·曼二十一岁。

《巴黎街头的水果商贩》

167

《衬裙巷》

工作有了起色，菲尔也遇到了爱人莉莲。两人婚后不久，便到澳大利亚生活。那是1885年秋天，菲尔在伦敦遇到澳大利亚《悉尼公告》的总监特雷尔先生。特雷尔正在找能给他画漫画的人，他一下被菲尔的作品所吸引。双方协商后，菲尔同意远赴他乡为《悉尼公告》工作。1885年11月11日，菲尔和夫人乘船前往澳大利亚。

　　在澳大利亚工作的三年时间里，菲尔画了九百多幅插图、漫画和讽刺画等。他幽默、慷慨、谦虚，受到很多人的喜欢，衣食无忧。新鲜的生活环境和新的艺术家朋友都令菲尔大开眼界，也影响了他的创作。他的身体状况越来越好，唯一不足的是，重复性的绘画越来越吞噬这位艺术家的创造力。和《悉尼公告》的工作合约还未到期，菲尔获得了另外一个机会：澳大利亚的媒体大亨、政治家西奥多·芬克提出赞助菲尔到

《餐馆》

罗马和巴黎进修绘画。此时，菲尔已经在澳大利亚生活了几年，早已开始想家，回欧洲的机会正是他求之不得的。无论罗马还是巴黎都离伦敦很近——菲尔日思夜想的是伦敦。1888年的秋天，他带着学费上路了。

到罗马后，菲尔全心学习绘画。菲尔最崇拜的画家是荷兰画家弗兰斯·哈尔斯。哈尔斯擅长画人物肖像，其画作生动而形象，多表现社会不同阶层的人物与生活，比如军官、士兵和商人等。除了学习传统的杰作，菲尔更重视观察身边活生生的人，从周围环境和身边的人物中寻找素材。也就是说，他自己的世界才是他最好的学校，亲身经历对他的画作的影响远远超过那些冰冷的杰作。他告诫年轻的艺术家，要从生活、从生命个体中寻找绘画的灵感。他随身带的笔记本上画满了各类素材，他不停地画，无论是在路边、树下，还是咖啡馆，只要他手边有笔，他的手就不会闲着。他会给信封上贴着的严肃的"维多利亚女王"（邮票）迅速加顶活灵活现的帽子；他会在信件结尾画上叼着烟卷傻笑的自画像；他会在晚宴中，在自己或邻座的菜单上画讽刺画。

《自画像》

以罗马为中心，菲尔经常回伦敦，并在巴黎开设了自己的工作室，英国油画家亨利·汤普森和他共享这间工作室。闲暇无事时，菲尔会为亨利·汤普森画素描，亨利·汤普森也会怂恿菲尔去画油画。很多艺术评论家提出菲尔根本不会运用色彩，只会画黑白画。可能事实也的确如此，菲尔已经习惯了把自己的绘画对象看作是黑白色的。休伯特·冯·赫科默爵士也是画黑白画起家，后来画色彩画照样游刃有余，他认为菲尔·曼同样有画色彩画的潜力。他说服菲尔尝试画色彩画，结果，菲尔对自己的色彩画作品非常失望。他的直觉和本能全用于画素描画，他沉迷于挖掘线条的神奇魅力。他用线条来构图，线条的长短和搭配成就了画作。他觉得自己的天赋就在于此，而非色彩画。很确定的是，菲尔所有的兴趣和野心都集中在黑白画上，现存寥寥无几

《街头流浪儿：迷路的孩子》

的彩色插图也多是用淡彩描在线条之上的，而且，这些作品通常由其他人涂色完成。

英国艺术评论家、《鉴赏家》杂志主编马里昂·斯皮尔曼评价菲尔·曼："他下笔缓慢而仔细，通常先画人物的额头和鼻子，如果额头和鼻子画得令他满意了，他才继续画人物的脸和面部表情。如果要画的人物形象迟迟不能决定，菲尔会随时在脑海里想象，有灵感时，便在袖口上、信封背面分别画出人物的鼻子、嘴巴和下巴……然后把各部分拼凑起来。"为了研究绘画人物肖像，菲尔还特别学习了查尔斯·达尔文的著作《人类和动物的表情》。有意思的是，一百多年后，风靡世界的社交网络脸谱网（Facebook）的卡通化表情符号，也是从这本书受到启发而设计的。

《街头流浪儿：快马加鞭》

菲尔的笔下有穷人的忧伤，也有穷人的快乐。比如，他画的贫民窟图中，无论老人还是小孩，都在欢快地伴着钢琴曲起舞，这就是他们生活的一部分。菲尔·曼画作的最大魅力在于他可以让原本很哀苦的场合变得很有趣。在他的很多漫画作品中，隐藏着生活的辛苦和悲怆的暗流，但是他的目的并非让人因此感伤，而是让人们能够苦中寻乐。他最喜欢画街头的小人物，用幽默轻松的视角和线条，再现穷人原本的生活。他其实是一位在讲笑话的人，他的使命不是渲染生活中悲哀的一面，而是在承认悲哀的同时，展现出生活中轻松快乐的一面。幽默本身是一种含有哲学意味的智慧，既不是谩骂，也不是讽刺，而是在冷峻背后透着的温暖。

并且，菲尔·曼主张在漫画作品中用最简洁的词语表达主题，他认为过多的言语和解释会把笑话元素给人们带来的瞬间的触动打得烟消云散。他还喜欢在作品中留白，给观者的眼睛呼吸的空间。

从澳大利亚回来后，菲尔的事业蒸蒸日上。英国《每日纪事报》称赞菲尔的画技，评价他是英国黑白插图大师。1892年，菲尔成功创办了个人杂志《年鉴》。《年鉴》被认为是菲尔·曼最优秀的作品集。这份杂志总共出版了十三册冬季刊和三册夏季刊，头几册的销量都超过五万册。后来，菲尔为英国老牌幽默杂志《笨拙》画画，并在1895年成为《笨拙》杂志的员工。

尽管菲尔的收入大增，但他花钱如流水。他总是很慷慨，会在酒吧里为所有人埋单；看到在街头卖报纸的小男孩，他会支付比报价高十倍的钱买一份报纸；看到街头的流浪汉，如果口袋里没有现金，他可能会把自己的大衣，或者戴的金表送给对方。菲尔的真诚和善良招致的却是无数次的欺骗和被利用。他的周围聚满了好吃懒做、骗吃骗喝的人。那些从未在舞台上表演过任何角色的演员、冒牌记者、声称生意失败的人，不需要多少演技，就能轻而易举地博得菲尔的同情和资助。很多人甚至伪造菲尔的签名，因为他

《姐弟俩》

173

们很确定，菲尔自己也搞不清为哪些账单埋过单，开过哪几张支票。

菲尔的善良还让他惹了官司。一次，菲尔把自己的一幅素描画卖给了美国的一位收藏家，挣了五十英镑。他马上用这笔钱给自己买了一件皮大衣，穿着皮大衣到常去的酒吧显摆，说："穿这样一件大衣，让我看上去像是脸色红润的澳大利亚百万富翁！"凌晨，醉醺醺的菲尔离开酒吧。当时天气很冷，还下着雪，他想找马车，但是街道上空空的，根本找不到。他决定走回家。他路过花园，看到一名流浪汉躺在长椅上熟睡，就把自己的大衣脱下来，盖在流浪汉的身上。他的乐善好施给流浪汉带来的却是麻烦。第二天，警察质问流浪汉怎么会有这么昂贵的大衣，怀疑是他偷的，流浪汉无法解释。幸好警察在大衣口袋里看到杂志社编辑写给菲尔·曼的信，菲尔被邀请出庭作证，证明流浪汉无罪。

因此，菲尔总是囊中拮据。按说越缺钱越该努力画画挣钱，他却不紧不慢，甚至很少准时完成任务。杂志社的编辑不得不派人去找他，催促他完成约定的作品。好几次，去取作品的人站在菲尔身边，等着他画完。菲尔·曼的作品备受追捧，《素描》杂志的主编发话，假使菲尔画了多余的作品，无论画的什么内容，他都按照五英镑一幅的价格买回来。菲尔也习惯了这样的交易，钱一花光，就马上画一幅素描到杂志社换取现金。他画的好像不是素描，而是支票。

菲尔很喜欢狄更斯的小说。狄更斯用文字，而他用画笔描绘这个有阴影也有美好的世界。1898年，他决定为狄更斯的作品《大卫·科波菲尔》画插图，这本书的主角大卫正是狄更斯的缩影。然而，画插图的工作因菲尔的病情推迟，"很抱歉地告诉你，因为之前的半年我一直在生病，没法认真工作……我会尽快完成那些常规工作，然后认真去画《大卫·科波菲尔》"。所有人都期待着伟大的艺术家和伟大的作家的合作，那一定是留存于世的杰作。然而，也许沉迷于烟酒，也许受病魔的折磨，菲尔并没有完成《大卫·科波菲尔》的插图。

《体操运动员》

　　但这并不影响他的声誉。菲尔一生都很谦逊，爱交朋友，善解人意，乐于助人。他的朋友评价他："尽管他后来挺失败，也有不少缺点，但是菲尔很招人喜欢。他总是很绅士，很有修养，对任何主题都能够侃侃而谈。他也很聪明，充满智慧，并且是音乐爱好者。我曾经见他失态过，抑郁过，也见他发过脾气，但是这些丝毫不影响他的魅力。"

　　1903年8月5日，菲尔·曼去世，他死于肺结核和肝硬化。他在病重期间也没有停止画画，他的病床前时常有一位模持，供他素描写生。菲尔·曼是维多利亚时代晚期的记录者，也是最早将艺术和幽默完美融合在一起的画家之一。因为打破常规，菲尔·曼和他的黑白作品被铭记在英国艺术史上。

《法国蒙特伊一家酒店的院子》

在一幅自画像里，菲尔把自己画成"间谍"，他身穿大风衣，叼着烟卷，微笑着，不动声色地观察着周围的人。他看到流浪儿藏在心底的骄傲，看到贵妇人的空洞与虚荣，他悄悄地把这些画在随身带的手帕上、纸巾上……他画的，就是周围的人。

菲尔·曼家境贫困，十三岁就做童工，然而面对苦难，他不抱怨，不自卑，反而从这些经历中获得创作的灵感。画画是他的天赋，而苦难是他的财富。一个人无法决定自己的出身和境遇，但是，他可以决定自己的态度。以苦为乐，自强不息，才会离梦想越来越近。

《打羽毛球》

Carl Larsson

卡尔·拉森：

用画笔记录田园牧歌般的生活

卡尔·拉森

　　孩子们在清风徐徐的河畔捞鱼，宝宝在有美丽的壁画的房间里吮着手指入眠，女孩们在鲜花盛开的院子里做游戏，一家人在院子里聚餐……在卡尔·拉森的画笔下，阳光温热，岁月静好。

1853年5月28日，卡尔在斯德哥尔摩出生。不幸的是，他的爸爸游手好闲，在孩子很小的时候就抛妻弃子，远走他乡。为了养育两个幼小的儿子，卡尔的妈妈不得不当女佣，给人家洗衣服、熨衣服。他们一家人住在贫民窟里，卡尔后来描述："如果说住在这些房子里的人是猪，这对猪来说都不公平。这里的人可怜、肮脏、邪恶。"当有人问他童年最快乐的时光时，他回答："高兴的事情我一件都想不起来，我的童年没有什么可快乐的。"他甚至觉得自己就是一个被忽视的小可怜虫，丑陋、被人认为很愚蠢，在家里总是多余的，在外面也不受人欢迎。

幸运的是，卡尔遇到一位好老师。1866年，在老师的推荐下，十三岁的卡尔进入瑞典皇家美术学院学习。起初，他很自卑、迷惘，三年后，他升入另一所艺术学校。此时，他的才华才被真正认可，他也有了自信，不再害羞。卡尔担任学生报主编，成为学校的中心人物，也在一家照相馆给人修照片，赚钱养家。瑞典的幽默杂志发现了他，请他画画，并向他支付年薪，卡尔终于舒了一口气。1875年，卡尔成为新闻类周刊记者。这份工作让他能够到处旅行。他亲临事故现场，观摩体育赛事，报道家畜展览会等，这些经历使他成为一名很有经验的素描画家。他也继续在学院学画画。

1877年，卡尔获得学院奖学金，前往巴黎画画。然而，他四处碰壁，他画的浪漫主义风格的油画不是画了一半画不下去，就是被客户拒绝。他感到绝望，甚至想要自杀。他也尝试改变画风，画现实主

《厨房》

179

义、日常生活主题的画作，这对他后来的创作影响很深。幸运女神再次眷顾了他。卡尔在巴黎郊外的格雷修尔卢昂村画画时，遇到了瑞典艺术家卡琳，两人一见倾心。1885年，两人结婚，并一起返回瑞典定居。

1889年，在参观完巴黎的世界博览会后，卡尔写信鼓励年轻艺术家："走出去，告诉所有人，令人快乐的艺术的真谛……是的，艺术家，打造你自己的房子，如果你的想象力没有被扼杀……"巧的是，在同一年，卡尔夫妇有机会把想法付诸行动。卡琳的姑姑去世，把房子留给了卡琳。这座房子坐落在被淘汰的矿场上，样子很普通，只有两个房间，以及厨房和阁楼。房子周围是桦木、丁香花和一个土豆田。他们决定扩建这座房子，将原有的房子扩大了一倍，打造了一个英式花园，又加了一个工作室。卡尔表示："它是我们的成果，卡琳和我断断续续用很少的积蓄，在村里的木匠、铁匠、砌砖工和油漆工的帮助下开始建造，一会儿干点儿这个，一会儿干点儿那个。"两人给这个房子起名"小海特纳斯"。

卡尔夫妇从英国艺术家威廉·莫里斯和约翰·拉斯金那里获得设计的灵感。莫里斯和拉金斯一起影响了十九世纪七八十年代的唯美主义运动，以及十九世纪末的工艺美术运动。莫里斯有自己设计的红房子，拉斯金则指出有着美好设计的房子会提高人们的生活质量。除此之外，卡尔也受到日本美学的启发。卡尔对设计的态度是：无论旧的、新的，外国的、本国的，贵的、便宜的，这些和品味、美丑都没有关系。

"小海特纳斯"主要被认为是卡尔的作品，当然，房子里的很多细节要归功于卡琳，比如，她用美丽的编织品、挂毯、靠垫等装饰房子。认识卡尔后，卡琳放弃了她的艺术事业，成为妻子和母亲，但她依然在房子的布置上展露出自己的才华。夫妇两人还自己制作家具，往壁炉上贴瓷砖。他们运用新材料，也运用旧材料。卡尔和卡琳都希望打造一座充满国际化和人性化的房子。这座房子也是现代和传统的融合，既新颖，又能体现主人对故土的热爱，堪称"艺术之家"。1901年，卡尔夫妇决定彻底搬到这里生活。"小海特纳斯"里经常宾客盈门，卡尔夫妇热情好客，深受亲朋好友的喜欢。

有了漂亮舒心的房子，卡尔可以安心创作了。有意栽花花不开，无心插柳柳成荫，一组和这座房子有关、体现温馨家庭场景的水彩画让卡尔一举成名。卡尔画这个系列的作品完全是个偶然。一个漫长多雨的夏天，大部分时间，一家人只得待在房间里。淘气的滂脱斯海做错了事，妈妈罚他"坐墙角"，他气鼓鼓又不得不老老实实地坐在那里，样子很好玩。卡尔被这一幕逗笑，就画了下来。结果，卡琳很喜欢这幅画，建议丈夫多画些类似的作品，记录家里的琐事。

于是，更多温馨动人的水彩画诞生了。"小海特纳斯"、妻子和他们的七个孩子，都成了卡尔绘画的素材。在这些画作中，有蓝天、白云、绿树，有五彩缤纷的花儿，你仿佛可以嗅到空气里的香气，感受到温暖的阳光；在这些画作中，卡琳总是头发高挽，身着长裙，有一双灵动的大眼睛，卡尔家的小孩子们总是在自由自在地玩耍，你似乎能听到他们的欢声笑语；在这些画作中，孩子们穿着卡琳缝制的复古的服装，房间里的每一个角落都别致典雅。这些作品流露出卡尔对孩子和家庭的爱。此时，这个温暖有爱的家庭和卡尔在童年时所经历的那个贫穷艰苦的单亲家庭有着天壤之别。

妻子的温婉贤惠、孩子们的天真快乐感染着卡尔，也治愈着他。大概因此，卡尔的作品细腻真切，饱含深情。家庭生活是卡尔绘画的源泉，卡尔也成为"自己生活的插画师"。每个人都渴望有一个幸福的家，渴望有人关心，有人爱，然而，若你不幸没有拥有这些，也没什么可抱怨的，你可以像卡尔那样，和爱的人，一起去创造。

Rockwell Kent

罗克韦尔·肯特:

从旅行和冒险中汲取自然荒野的灵感

罗克韦尔·肯特

他为梅尔维尔的小说《白鲸》所画的白鲸惊心动魄,呼之欲出;他为《莎士比亚戏剧集》画的插画棱角分明,极富感染力;他为《坎特伯雷故事集》画的插画生动传神,富有情趣……他是那个时代最杰出的插画师之一。

1882年6月21日，罗克韦尔·肯特在纽约出生。他从小就对艺术感兴趣，但因家境贫寒，他的艺术之梦距离实现似乎遥遥无期。1887年，罗克韦尔的父亲去世后，姨妈乔·霍尔盖特搬来和他们共同生活。罗克韦尔的雄心壮志得到了姨妈的支持。姨妈多才多艺，本人就是一名陶艺家。姨妈经常带着罗克韦尔前往欧洲各国旅行，让他大开眼界。

　　但无论如何，罗克韦尔不得不面对现实——家人无法支持他从事艺术创作。于是，1900年他从霍勒斯曼高中毕业后，开始在哥伦比亚大学学习建筑。然而，罗克韦尔并没有放弃艺术，晚上继续在艺术学校学习。他希望未来既能找到一份有不错收入的职业，又能画画。幸运之神格外青睐勤奋的年轻人，罗克韦尔获得纽约一所艺术学院的全额奖学金，得以进入该学院学习。在那里，他师从美国画家威廉·梅里特·切斯和罗伯特·亨利，爱德华·霍珀和乔治·贝洛斯是他的同学。

　　1903年夏天，罗克韦尔在新罕布什尔州的工作室协助画家雅培·汉德

《浮士德》插画

森·塞耶画画——他通过姨妈的推荐获得了这个职位。1904年，二十二岁的罗克韦尔加入社会党，支持工人事业。与此同时，他开始制作木版画，因为他认为通过这种形式可以让更多人看到他的作品。1905年，罗克韦尔独自前往艺术工作者的聚居地缅因州蒙黑根岛画画，在大自然中寻找灵感。1906年，他在岛上修建了一座房子，并在那里生活了几年。

　　岛上的工作机会不多。为了生存，罗克韦尔干过许多奇奇怪怪的工作，包括钻井、钓龙虾、做木工和看护灯塔等。崎岖的海岸，神奇的海，像极了罗克韦尔的性格，也成为他作品的风格。比如，在罗克韦尔的很多幅风景画作品中，让人望而却步的山峰或冰川从黑色的海平面跃然而起，和低矮的天空融为一体。罗克韦尔作品的主人公通常是孤独的人，比如猎人和渔民等。他的画作很快引起了人们的注意。

《白鲸》插画

为《名利场》杂志画的插画

1907年，罗克韦尔在纽约克劳森画廊举办了人生第一次个人展览。次年，他与凯瑟琳·怀廷结婚。在接下来的几十年时间里，罗克韦尔过着四处游荡的生活，他先后在康涅狄格州、缅因州和纽约等地方定居，并且，他经常长途航行，前往遥远的、经常被冰雪覆盖的角落，包括纽芬兰岛、阿拉斯加、火地岛和格陵兰岛等地。北方的荒野无时无刻不在呼唤着罗克韦尔，他曾经这样写道："我渴望白雪皑皑的山脉、凄凉的荒地，以及残酷的北方的海。北方的海有着坚硬的海平线，

《萨拉米纳》插画

《埃鲁洪》插画

是世界的边缘，也是无限空间开始的地方。这里的天空更清澈、更深邃　而且，它们所揭示的奇迹更多，所孕育的永恒的奥秘比柔软的土地多一千倍。"

他时而只身前往，时而和家人同往。他带着儿子，带着小时候爸爸留给他的银笛远航到遥远的北方。他写道："我们来到这片新的天地，一个男孩和一个男人，完全是在追寻梦想。怀着对北方的憧憬，我们来寻找它。"

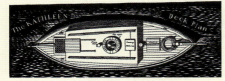

《白鲸》插画

旅行和冒险给罗克韦尔带来了创作的灵感。他的画充满神秘，呈现的并不是大自然的蓬勃和快乐，而是大自然连绵不断的哀嚎。他的作品中总是流露着一种孤独和悲伤，似乎所有主人公都在凭借个人的努力征服荒野。这种充满英雄主义、孤独和个人主义的画风令人耳目一新，有时也会令人不解。1937年，罗克韦尔为《新大众》的封面创作了一幅名为《世界工人联合起来》的版画。画中，一名赤脚工人挥舞着铲子抵抗剥削者的压迫，人们不禁纳闷："他的同伴在哪儿？"

　　二十世纪二三十年代，罗克韦尔为《老实人》《白鲸》《坎特伯雷故事集》和《莎士比亚全集》等创作的插画体现了他的张力。他为赫尔曼·梅尔维尔的《白鲸》画的插画令人瞩目——这些作品既精确又抽象。同时，罗克韦尔还以笔名"Hogarth Jr."画讽刺画发表在《名利场》《哈珀周刊》和《生活》等大众期刊上。

　　罗克韦尔的作品具有鲜明的个人风格，那就是在真实地表现场景的同时，尽量减少风景的细节。他的作品没有将风景浪漫化或戏剧化，而是经常将现实的自然元素与劳动人民的日常生活结合在一起。不过，因为他的作品过于抽象，也导致他那个时代的很多人不太喜欢他的作品。罗克韦尔几十年如一日，一直用作品捕捉自然荒野的本质。

《坎特伯雷故事集》插画

从今天来看，他堪称是生态艺术的早期代言人。"我不是想让人们喜欢我的艺术。"罗克韦尔说，"我试图通过我的艺术，让人们热爱自然。就这些。"

　　第二次世界大战爆发时，罗克韦尔已基本脱离纽约艺术界，转而将精力集中在呼吁劳工权利和防止法西斯主义在欧洲蔓延的事业上。因为其政治主张，他在美国的声誉下降，作品失宠，但是，他在苏联大受欢迎。二十世纪五十年代，他的作品在苏联频繁展出，1960年他向苏联捐赠了八幅油画和八百幅版画、素描。1967年，罗克韦尔被授予国际列宁和平奖。罗克韦尔于1971年死于心脏病，被安葬在位于纽约阿第伦达克山脉的农场。

《远航》插画

Winter

冬

Edmund Dulac

埃德蒙·杜拉克：

他的作品成为躲避一战恐怖的"避难所"

埃德蒙·杜拉克

　　他的口袋里总是装着一个布面的小本，他随时会把看到的有趣的东西画下来，比如和他擦肩而过的陌生人，坐在路边乞讨的老汉。虽然是法国人，但他喜欢英国的插画艺术，连穿戴也像个英国人。他最终来到英国，为英国的小说和杂志画插画，成为名副其实的"英国佬"。

1882年10月22日，埃德蒙·杜拉克在法国出生。他性格内向，总是一本正经、安安静静。室外游戏对他来说毫无吸引力，朝气蓬勃和他没有一点关系，但是他喜欢画画，喜欢站在人来人往的街道观察。他随身带的小本中画满了他的作品。他八岁时在一个木箱子的盖子上画了一幅画，画中有小木屋、溪水、柳树、一头牛和一名士兵。差不多同一时期，他还为爸爸画了生日卡：棕榈树上系着一个大蝴蝶结，两个胖乎乎的小天使簇拥着一朵花，花下有飘带，上面写着爸爸的名字。

埃德蒙十二岁时画过一幅小女孩的水彩画，在那幅画中，他敏锐的观察力和画画的天赋有目共睹。他十四岁时画的奶奶，像是出自一个技法成熟的水彩画家之手。埃德蒙的叔叔弗朗西斯·瑞欧是商人，经常前往东方采购，进口的物品包括当时很流行的日本版画。这些版画令埃德蒙着迷。他觉得这些作品和他平日里接触到的油画大相径庭，他还有些不解，因为这些画作不需要模特，画中的不对称也不被视为不和谐。这些作品让埃德蒙联想翩翩，他不由自主地临摹这些版画。

翻开埃德蒙随身带的小画册，你会发现卡通化的老师、怪诞的动物、戴礼帽挂拐杖的老人、穿着工作服的农民、头顶一篮子面包的女人和坐在路边要饭的老汉……埃德蒙通常用细尖的铅笔，用垂直的竖线画画。他十六岁时的作品表明，他已经能够画出很专业的作品，并且，这些作品洋溢着新艺术风格。

父母早就意识到孩子在绘画方面的才华，也知道应该鼓励他实现艺术之梦，但又觉得走艺术之路太艰难，

《天方夜谭》插画

不如让孩子考个好的学校，找个稳定的工作，有份稳定的收入，平平安安过一生。他们建议埃德蒙高中毕业后去学法律，并希望他能成为一名外交官。于是，埃德蒙开始在图卢兹大学学习法律，但他也不想违背自己的内心，便利用业余时间在巴黎国立高等美术学院学习画画。埃德蒙后来回忆："哦，麻烦来了。爸爸打开我的法律书，看到巫师、美人鱼和独角兽被我画在神圣的文字上时，非常生气。我向他解释，这些生物对我来说比法律更真实亲切。爸爸的脸立刻变成了刚煮熟的龙虾的颜色。"

兴趣是成功的基石。埃德蒙赢得1901年和1902年的国际插画大赛，并受邀设计官方晚宴的菜单。图卢兹和巴黎的媒体也纷纷约他画插画，图卢兹当地杂志《电报》还约他为新年特刊画封面。埃德蒙在法国插画界越来越有名气。

埃德蒙学了两年法律，始终不喜欢，却经常获得插画奖，他越来越清楚想要做什么。埃德蒙决定放弃法律的学习，全心学习艺术。这一次，他的父母也妥协了。艺术院校并不教授英语，但幸运的是，一位英语老师愿意为埃德蒙辅导英语，作为交换，埃德蒙要为老师画画。埃德蒙的英语水平迅速提高，他很快具备了直接阅读英文读物的能力。由此，他认识了威廉·莫里斯、爱德华·伯恩-琼斯、沃尔特·克莱恩和奥伯利·比亚兹莱等英国艺术家，这些艺术大家的作品令他如痴如醉。他对英国艺术充满向往，甚至穿着也像是一个英国人。在美术学院，埃德蒙获得了"英国佬"的外号。

1903年，埃德蒙从美术学院毕业，获得巴黎朱利安学院的奖学金，于是前往那里继续深造。他的导师一身学究气，缺少创意。埃德蒙很失望，他在这里学了三周就离开了。埃德蒙一直渴望去英国，因为那里有他喜欢的艺术家，有更多画插画的机会。在踌躇了一段时间后，他终于带着自己的作品集和伦敦出版商的名录信息出发了。

埃德蒙创作的春天如期而至。他的第一个绘画项目是为勃朗特姐妹的小说画插画，总共要画六十幅插画。这对一个二十二岁的外国人来说，是莫大的认可和鼓励。埃德蒙首先为《简·爱》画了十二幅插画。他的作品没有令人失望，这让他更有信心在英国长期发展下去。之后，埃德蒙受邀为英国《蓓尔美尔杂志》画插画，当时很多重要的英国插画师都为这份杂志画插画。在朋友的鼓励下，埃德蒙加入了伦敦的素描协会，结识了更多志同道合的朋友。在自由宽松的环境里，埃德蒙产生了更多的创作灵感。1907年左右，他为《天方夜谭》画的五十多幅插画很成功，英国莱斯特画廊将他这组作品的原作进行展出，好评如潮。埃德蒙后来的作品包括：1908年的《暴风雨》、1909年的《鲁拜集》、1910年的《睡美人——法国童话集》、1911年的《安徒生童话》、1912年的

《白雪公主》插画

《睡美人：法国童话集》插画

《爱伦坡诗集》和1914年的《航海家辛巴达》等。

埃德蒙的画作总是既细腻又轻盈，通常弥漫着优雅神秘的气息，时而空灵，时而浪漫，时而美艳。这就是新艺术风格：错综复杂、崇尚自然、与世无争。

没多久，一战到来。此时，高档精美的插画书已不再贴近时代的潮流，埃德蒙也很快适应，为杂志、报纸画了比以往更多的卡通画作品，并为法国红十字会创作了插画书，其中含有二十个童话场景。此时，埃德蒙的作品成为人们躲避一战恐怖的"避难所"。

Kay Nielsen

凯·尼尔森:

艺术怪杰的寻梦之旅

凯·尼尔森

　　他的画时而唯美，时而怪诞，时而忧郁，时而浪漫；他的画带有浓郁的东方色彩，帮人们摆脱现实生活，回到自由自在的童年……他被称为"童话绘本界的怪杰"，他就是丹麦插画师凯·尼尔森。然而，1957年，凯在美国去世时几乎身无分文。但金子注定会再度发光，二十世纪七十年代，凯在世界插画史上的地位再次获得普遍认可，他和法国插画师埃德蒙·杜拉克、英国插画师亚瑟·拉克姆一起，并称为插画黄金时代的"三巨头"。

1886年3月12日，凯在哥本哈根出生。他在一个充满艺术氛围的家庭长大，父母都是文艺工作者，父亲是丹麦达格玛剧院的总经理，母亲是一位备受尊敬的演员。他们家经常举办沙龙，许多著名的北欧艺术家和知识分子，包括挪威戏剧家易卜生和作曲家格里格等人都曾是他们家的座上宾。耳濡目染，凯从小就对艺术产生了兴趣。他六岁时就能够凭借想象，把妈妈讲给他的故事画出来。最初，家人希望凯做一名医生，他也同意，但他在十八岁时彻底放弃了这个想法，决定追求自己真正喜欢的事情。1904年，凯离开哥本哈根前往巴黎，在蒙帕纳斯的学校学习艺术。正是在那里，他发现了奥伯利·比亚兹莱的作品，并对这些作品着迷。同一时期，凯的父母去旅行时带回的中国雕刻和日本版画对凯影响深远，尤其是日本版画中的不对称构图与人物周围留白等画技，给凯很大的启发。

凯不断摸索着自己的创作风格，并最终形成了一种融合浪漫主义艺术、新艺术运动的特点，深受东方艺术影响，但又具有冷酷色彩的北欧风格。1911年，因为英国插画业发展迅速，工作机会多，凯从巴黎来到伦敦，之后的五年时间里，他都在英国生活。他的主要工作是画插画。幸运的是，他获得了为英国著名杂志《伦敦新闻画报》画插画的机会。

令凯一鸣惊人的是一组名为《死亡之书》的黑白插画。他在伦敦举办画展，首次向公众

《太阳以东，月亮以西：北欧故事集》插画

展示了这些插画，结果展览大获成功。凯很快受邀为《香粉与衬裙》画插画，这是一本由英国作家亚瑟·奎勒·库奇重述的童话故事集。凯的作品照样不负众望。《香粉与衬裙》于1913年问世，立即获得赞誉。同年十一月，凯在英国莱斯特画廊举办了原创水彩画展。一年后，凯的新作《太阳以东，月亮以西：北欧故事集》出版。

　　凯的画作带有一种视觉上的魔幻现实主义特点，令人感到既熟悉又陌生，启发人们去探究世俗世界之外的仙境。凯在不同的民族和文化中汲取养料，形成了自己独特的画风。他像是一位艺术维京人，将来自许多土地的"战利品"带到他独特的斯堪的纳维亚风景中。

　　一战期间，凯回到哥本哈根，不得不转向舞台设计。受好友约翰尼斯·普尔森之邀，凯为哥本哈根剧院的《阿拉丁》设计了布景和服装。这部作品在舞台上重现了东方的辉煌和奇迹。凯依然热衷插画创作，1918年到1922年，他为《天方夜谭》创作了插画，这组插画流露出东方艺术和意大利文艺复兴时期的特色。凯表示，这些插画标志着他在一战停笔后重新进行图书插画创作的决定，他打算在丹麦出版一本像在英国、法国市场一样受欢迎的《天方夜谭》。《天方夜谭》插画，连同凯为《安徒生童话集》创作的新插画一起，于1924年

《蓝山上的三位公主》插画

《莱西和她的妈妈》插画

《白土地上的三位公主》插画

《烟黑》插画

《白天鹅》插画

在伦敦展出。此时，凯终于实现了自己的愿望，声名远扬。

　　1926年，四十岁的凯娶了二十二岁的丹麦姑娘乌拉·普莱斯·施密特，在接下来的十年时间里，两人在哥本哈根生活，凯继续画插画。

　　1936年，朋友邀请凯到好莱坞工作，为好莱坞露天剧场做设计，凯欣然前往。之后，凯又在迪士尼公司尝试卡通创作。不过，凯创作的《荒山之夜》怪异另类，与迪士尼一向甜美温情的风格不搭调，但凯不肯妥协，最终和迪士尼闹僵。1940年12月22日，凯向朋友、剧作家佐伊·艾金斯写信表示："我对工作室里的一切都感到紧张和不确定。"不久，凯离开了迪士尼。他重新拾起插画创作，结果却发现他的插画无人问津，他的成功已经成为过去时。他和妻子搬进一处简朴的小屋，靠着微薄且不断减少的收入维持生活，他们甚至试图饲养小鸡来增加收入。

《从来不笑的男人》插画

　　1941 年，洛杉矶的一位学校图书管理员意外发现了凯——他是自己儿时喜欢的插画师。在这位图书管理员的建议下，该校聘请凯为图书馆画壁画。三年后，这幅壁画终于完成。美国剧作家阿瑟·米勒称这幅壁画是"美国最美的壁画之一"。后来，这幅壁画被转移到圣费尔南多谷的萨特初中。

　　1949 年，凯一家搬回到丹麦，但凯的健康状况越来越差。1952 年，幸运女神再次降临，凯受邀为美国惠特曼学院画壁画，这幅壁画是凯生前最后一幅重要的作品。1957 年 6 月 21 日，凯在加利福尼亚州的家中去世，享年六十九岁。凯的妻子乌拉于次年去世。去世前，乌拉尝试将丈夫留下来的插画手稿赠送给博物馆收藏，但无论在美国还是丹麦，没有一家机构愿意接受它们。

《虚弱的王子》插画

令人欣慰的是，在凯去世约二十年后，他的作品的价值被重新挖掘。1975年，英国艺术作家大卫·拉金出版了一本关于凯的生平的书《凯·尼尔森》，凯的插画又获得各界的重视。两年后，凯为《天方夜谭》创作的从未出版过的四十二幅插画被人记起。1977年，这些作品和凯的其他作品一起结集出版成《凯·尼尔森的未知绘画》一书。此后，凯的作品受到全世界童话、小说和插画爱好者的追逐。

凯的一生并不顺利，他为了自己的艺术之梦去法国学艺术，又为了获得和艺术创作有关的工作机会，辗转于英国、丹麦和美国，四处奔波。尽管他穷困潦倒、客死他乡，但幸运的是，他一直都在追求梦想，做自己喜欢的事情。

Harry Clarke

哈里·克拉克:
爱尔兰的奇怪天才

哈里·克拉克

　　半个多世纪前，爱尔兰艺术家乔治·罗素评价，在一代人或两代人之后，收藏家会像追捧奥伯利·比亚兹莱的作品一样，追捧哈里·克拉克的作品。他指出："总是有人在寻找奇怪的天才，哈里·克拉克是我们这个时代最奇怪的天才之一。"

1889年3月17日，哈里·克拉克在爱尔兰的都柏林出生。他的妈妈是爱尔兰人，爸爸是英格兰人，他们家开了一个艺术品制作坊。哈里是家里的老二，他内向敏感，不喜欢喧哗，但他很会画画，尤其擅长往学校课桌上画漫画。这个安静且有艺术才华的男孩子在哪里都是"万人迷"。

　　哈里十四岁时，他的妈妈因病去世，哈里变得一蹶不振。爸爸建议他为家族企业工作，从做学徒工开始，这样可以让他变得坚强。于是，在爸爸的建议下，哈里退学了。哈里在做学徒工的过程中，更清楚自己欠缺什么。1905年，哈里开始在都柏林大都会艺术学院上夜校，学习制作彩绘玻璃画。1906年2月，他前往伦敦，在南肯辛顿设计学院（现在的皇家艺术学院）上课。此时，十七岁的哈里又高又瘦，肤色黝黑，腼腆害羞。爸爸评价他：哈里喜欢工作和学习，从未停止画画；他从课程和离他学校不远的维多利亚与艾尔伯特博物馆获得很多启发。但哈里依然思念着故乡。1906年春天，哈里觉得自己的画技已经大大提高，他回到都柏林，再次成为爸爸的学徒。

　　这段时间，哈里最喜欢的事情是去看爱尔兰国际展的美术展。那里展出的作品包括奥伯利·比亚兹莱、爱德华·伯恩－琼斯等人的原作，这些作品令哈里着迷。之后不久，他又前往伦敦，去探访更多的画廊。在接下来的一年，也就是1908年，哈里的身体状

《牧羊女与烟囱清扫车》插画

215

况越来越差，他无法从事任何艰苦的工作，于是，他用这个时间读了大量的书。大约一年后，也就是1909年7月，哈里终于彻底康复。他决定和同学去位于爱尔兰西海岸的阿兰群岛住一段时间。哈里的爸爸也很赞同，认为这样做，哈里既可以散心，又可以了解当地人的生活。

他们在岛上无忧无虑，画画、游泳、钓鱼、划船……他们画在现实中观察到的场景，也画想象中的大风大浪。之后的四五年时间里，哈里每年都来阿兰群岛度假。这里的生活深深影响着哈里的艺术创作。年复

《沼泽王的女儿》插画

216

一年，哈里熟悉了阿兰群岛的动植物群，并在素描本上画满了他观察到的动植物以及淳朴的岛民。

哈里开始接一些画插画的工作。1910年10月，他获得艺术学院为鼓励学生进行彩绘玻璃画创作而设立的奖学金，这笔钱足够支持他完成全日制的课程，并且每周还有零花钱。哈里又在艺术学院学习了三年。他每年都获得奖学金，并赢得教育委员会举办的全国彩绘玻璃画比赛的金奖，此外，他还获得了绘画、设计等方面的学校奖，他为都柏林皇家协会的集市设计的海报也获了奖。每年夏天，哈里继续去阿兰群岛度假，他的艺术界的朋友也纷纷和他一同前往。

1913年夏天，哈里在都柏林皇家协会举办的工业艺术展上获得一等奖。同一年秋天，他决定前往伦敦发展。他在出发前为亚历山大·蒲柏的讽刺长诗《夺锁记》画了六幅插画。之后，哈里为柯勒律治的《古舟子咏》绘制了插画，这些精湛的作品生动地诠释了柯勒律治如梦似幻的诗文。显然，哈里和这位诗人心有戚戚焉。这些整页插画构图精巧，让人想起奥地利象征主义画家古斯塔夫·克里姆特的作品，但哈里的画更具想象力，更怪异，更具有冲击力。

哈里有很强的自律性。他每天从上午

《妖山》插画

《莫诺斯与尤拉的对话》插画

彩色玻璃画

十点半工作到晚上七点，周末也不例外。他的每幅黑白插画都要花四天半时间完成，颜色设计要花两天时间。只有当好朋友来访时，他严格的作息才会被打断。他通常同时创作两幅插画，以避免变得"乏味"——这是他一直喜欢的工作习惯。他也会抽空去逛画廊、看展览，以及定期去写生。哈里的爸爸总担心他过于劳累。事实上，只要健康状况良好，哈里总能集中精力、一鼓作气地工作。

除了爸爸，哈里遇到的另一个无私支持他的艺术创作的人是劳伦斯·安布罗斯·沃尔德伦先生。劳伦斯是爱尔兰著名的商人和政客，他成为哈里的赞助人。幽默风趣的劳伦斯将害羞但颇具艺术才华的哈里带入他的社交圈，成功地为哈里申请到旅行奖学金，并把哈里介绍给更多有钱人，比如约翰·奥康奈尔爵士。这位爵士请哈里设计了十一幅彩绘玻璃画，这些作品至今仍是无与伦比的杰作。

1916年，由哈里配图的《安徒生童话》出版，书中包括他画的十六幅彩色插画和二十四幅半色调插画。哈里随后为埃德加·爱伦·坡的《神秘及幻想故事集》、夏尔·佩罗的《佩罗童话》、歌德的《浮士德》等书绘制了插画。

不幸的是，这位爱尔兰的奇怪天才的生命停止在四十一岁。哈里于1929年被确诊患有肺结核，并于1931年1月6日去世。哈里的插画创作受到新艺术运动和装饰艺术运动的影响，他的彩绘玻璃画深受法国象征主义运动的启发。他的画细腻感性，他的设计复杂迷人，即使在今天依然难以被超越。

《浮士德》插画

Randolph Caldecott

伦道夫·凯迪克：

"绘本界的奥斯卡"
以他命名

伦道夫·凯迪克

　　几乎所有童书创作者都听说过美国的凯迪克奖，这个奖是为纪念英国插画师伦道夫·凯迪克而设。凯迪克奖奖牌的反面是一幅《痴汉骑马图》，它便出自伦道夫之手。这幅画线条流畅，充满动感，被认为是世界插画作品的经典之作。不幸的是，伦道夫英年早逝。伦道夫为孩子们绘制了大量童书，这些书被视为现代图画书的雏形。

1846年3月22日，伦道夫·凯迪克在英格兰的切斯特出生。他小时候就喜欢画画，并且特别爱画小动物。然而，病魔无情袭来，年幼的伦道夫染上了风湿热，他的心脏因此受损。伦道夫的余生都在和疾病做斗争。

　　伦道夫十五岁时离开了学校，搬到了惠特彻奇，并开始在那里的银行工作。伦道夫的爸爸是会计，儿子去银行工作合情合理。伦道夫在业余时间继续画画。1861年，也就是伦道夫离开学校的那一年，他的处女作在《伦敦新闻画报》上发表，那是一场火灾的速写画，画作旁边是伦道夫对该事件的描述。当时，切斯特女王铁路酒店着火，《伦敦新闻画报》的编辑听说伦道夫目睹了火灾经过，便邀请他画出当时的场景。这对伦道夫来说是小菜一碟，他完美地完成了这项任务，获得不菲的酬金。他欣喜不已，意识到原来爱好也可以带来收入。

　　1866年，伦道夫随他所工作的银行搬到了曼彻斯特。曼彻斯特是一座更大的城市，这座城市为伦道夫带来更多的机会。伦道夫开始在曼彻斯特的艺术学校上夜校。与此同时，他也为当地报纸，甚至伦敦的一些出版物画画。伦道夫的作品陆续发表在曼彻斯特的报纸和伦敦的杂志上，包括当时很有影响力的《伦敦社会》杂志。1869年，伦道夫的作品被挂在皇家曼彻斯特学院，这标志着他的艺术创作渐入佳境。

　　1872年，《伦敦社会》主编亨利·布莱克本建议伦道夫放弃银行

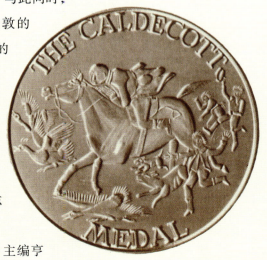

凯迪克奖奖牌

的工作，去圆艺术梦。伦道夫原本就心潮萌动，一下子被说服，决定试一下运气。1872年，二十六岁的伦道夫辞去了银行的工作，搬到伦敦成为自由艺术家。伦道夫为《笨拙》《伦敦新闻画报》等报刊杂志画插画。天道酬勤，没过几年，他就成为颇有名气的插画师。

伦道夫很喜欢骑马，这个爱好给他的创作带来很多启发，他画的那幅世界闻名的《痴汉骑马图》就因此而来。1782年，威廉·古柏创作了《痴汉骑马歌》。这首诗的主人公是来自伦敦齐普赛街的布商约翰·基尔宾。有一天，约翰的马失控，载着他在小镇和乡野间到处乱撞，令他出尽洋相，幸运的是，他后来平安无事地回到了家。古柏说，这首诗的灵感来自他的好友安娜·奥斯汀夫人。当时，古柏的心情极度郁闷，奥斯汀给他讲了这个故事，古柏眼前一亮，振作精神把这个故事写成了诗歌。英国的《公众广告报》最先刊发了这首诗歌，没想到，这首诗歌迅速走红，以至于当年英国到处都在售卖刊有这首诗的盗版书，和约翰相关的文创产品也层出不穷，比如约翰形象的布娃娃、印有约翰画像的杯子等。

《红桃王后》插画

《红桃王后》插画

《叮咚叮咚乖宝宝》插画

　　伦道夫也喜欢上了这首诗。1878年，他为这首诗画了插画，并由埃德蒙·埃文斯负责印刷，由费德里克·沃恩公司出版成图文并茂的插画书。谐趣的诗歌加上生动的插画，《痴汉骑马歌》简直成为当时最完美的插画书的典范，伦道夫所绘制的约翰骑马飞奔的插画也成为世界插画作品的经典。画中，马儿睁着惶恐不安的眼睛，飞奔着穿越村庄，秃头的约翰紧紧握着缰绳，他憋红了脸，帽子和假发早已不知去向，受惊的鹅群扑腾着翅膀乱窜，大大小小的狗追赶着马和鹅群，不少村民在围观。后来，凯迪克奖的奖牌反面便使用了这幅插画。

埃德蒙·埃文斯是印刷商和著名雕版师。他和伦道夫合作，为孩子们创作了更多的插画书，包括《杰克盖了个大房子》《叮咚叮咚乖宝宝》等。从1877年开始，在之后的八年时间里，伦道夫每年都会为小朋友们"画"两本插画书。这些插画书引人入胜，本本都受欢迎，给孩子们带来无数的快乐。伦道夫通常自己选择要画的故事，并经常修改，他有时也会重写文本。伦道夫先后为美国作家华盛顿·欧文、英国维多利亚时代末期的儿童文学女作家朱莉安娜·尤因和英国作家亨利·布莱克博恩等人的作品画了插画。这些书的共同点是面向儿童，便宜又实惠。伦道夫因为这些作品家喻户晓，被誉为"童书之王"。

这种将图画和文字巧妙结合在一起的插画书史无前例，美国插画师莫里斯·桑达克评价伦道夫的作品标志着现代图画书的创始。文字无法说明的部分用插画来表达，插画无法表达的部分用文字来说明。在伦道夫的作品中，每个人物、每只动物都充满了感情，即便只是一个飞奔的步伐，也能令人感受到步伐主人的匆忙或惊恐。莫里斯·桑达克认为伦道夫的插画充满动感，画面常常扑面而来。他认为伦道夫具有将市井生活鲜活地呈现于纸上的天赋。桑达克也很欣赏伦

《叮咚叮咚乖宝宝》插画

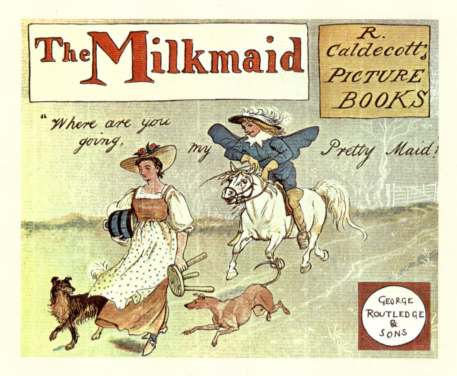

《牛奶女工》插画

道夫作品中偶尔出现的暗黑元素，评价道："不能称之为是悲剧，但有时候这些内容又令人感伤，如同一闪而过的阴影。也正是这些元素，为伦道夫的作品中看似空洞的画面增添了始料未及的深度。"

虽然《伦道夫·凯迪克的图画书》包含多幅彩色插画，但实际上，伦道夫并不喜欢彩色插画，他看重线条胜于色彩，他认为过多的色彩会影响线描画的真实性。他的彩色插画作品也大都是在已经完成的线描画上涂颜色，而非主要强调色彩。伦道夫在画画前会左右思量，他的原则之一是尽量用简约的线条描绘人物瞬间的动态。伦道夫认为："线用得愈少，所犯的错误就会愈少。"

在事业如日中天的时候，伦道夫却不得不离开英国。伦道夫从小体弱多病，医生告诫他英国的气候不利于他的身体健康，建议他到温暖的